August Engelbrecht

Hephaestion von Theben und sein astrologisches Compendium

ein Beitrag zur Geschichte der griechischen Astrologie

August Engelbrecht

Hephaestion von Theben und sein astrologisches Compendium
ein Beitrag zur Geschichte der griechischen Astrologie

ISBN/EAN: 9783743686458

Hergestellt in Europa, USA, Kanada, Australien, Japan

Cover: Foto ©ninafisch / pixelio.de

Weitere Bücher finden Sie auf **www.hansebooks.com**

Hephaestion von Theben

und sein

astrologisches Compendium.

Ein Beitrag zur Geschichte der griechischen Astrologie

von

Dr. August Engelbrecht.

WIEN

VERLAG VON CARL KONEGEN

1887.

$\mathbf{W}$ie groß die Zahl astrologischer, in griechischer Sprache geschriebener Tractate ist, die uns handschriftlich erhalten sind, kann schon derjenige wenigstens annähernd erkennen, der die Bücherschätze auch nur einer unserer großen europäischen Bibliotheken zu diesem Zwecke durchforscht hat. Wie viele Handschriften rein astrologischen Inhaltes, wie viele, in denen wenigstens ein oder das andere Tractätchen jener Afterkunst geweiht ist, besitzt nicht jede derselben! Und doch wie wenig oder vielmehr wie fast gar nichts ist davon für die gelehrte Forschung nutzbar gemacht! Dass freilich handschriftliche Schätze dieser Gattung nur in rigorosester Auswahl Anspruch auf Weiterverbreitung durch den Druck haben, ist auch für mich, der ich von der culturhistorischen Bedeutsamkeit vieler solcher Schriftstücke überzeugt bin, eine ausgemachte Sache; andererseits behaupte ich aber, dass man bisher eben etwas zu rigoros in jener Auswahl war. Das Hauptwerk der griechischen Astrologie — denn von dieser allein spreche ich — die τετράβιβλος σύνταξις μαθηματική des Ptolemäus sammt ihren Commentatoren ist vor mehr als drei Jahrhunderten zum letzten Mal gedruckt worden und beiläufig aus derselben Zeit stammen die ersten und letzten Drucke einiger Excerpte aus Excerpten von Hephaestions Werk und aus Valens sowie die Ausgabe des Paulus Alexandrinus. Nur den Werken der griechischen astrologischen Dichter, wie Manetho und Maximus, ergieng es besser, von denen wir gute Ausgaben aus neuerer und neuester Zeit besitzen. Wir glauben deshalb nicht Eulen nach Athen zu tragen, wenn wir uns der arg vernachlässigten Prosaliteratur der griechischen Astrologie nach unserem Vermögen annehmen und das nach der Tetrabiblos interessanteste Compendium der griechischen Astrologie, die καταρχαί des Hephaestion aus Theben.

1*

hiemit zum ersten Male nach Handschriften der Pariser National-
bibliothek veröffentlichen, zumal da die alten Ptolemäusausgaben —
bisher fast das ausschließliche bekannte Compendium griechischer
Sterndeuterei — den Wenigsten zugänglich sind.

Bei dieser Gelegenheit kann ich nicht umhin, Herrn Geheim-
rath Professor Dr. Hermann Usener in Bonn meinen besten Dank
auszusprechen, der mich freundlichst auf jenen interessanten, bisher
unedierten Schriftsteller aufmerksam machte und für das Fortschreiten
meiner diesbezüglichen Studien sich lebhaft interessierte.

I. Textesüberlieferung des Hephaestion.

1. Handschriften des Hephaestion.

Das Werk des Astrologen Hephaestion ist in seiner ursprünglichen Fassung, soweit ich nachforschen konnte, nur in drei Pariser Handschriften uns erhalten, während es eine nicht unbedeutende Anzahl von Handschriften gibt, die mehr oder minder übereinstimmende Paraphrasen und längere oder kürzere Excerpte aus Hephaestion enthalten, aus denen ein größeres Bruchstück einst von Camerarius sowie ein zweites, kleineres jüngst von A. Ludwich veröffentlicht wurde, worüber später zu sprechen sein wird.

Von den drei, den ursprünglichen Text enthaltenden Pariser Handschriften ist zunächst zu nennen wegen seiner relativen Vollständigkeit

der Codex Parisinus graecus Nr. 2417. Es ist dies eine P Bombycinhandschrift von 176 Blättern in klein Folio, die nach dem Cataloge (II 498) im 13., vielleicht aber erst im 14. Jahrhunderte, wie richtiger auf dem ersten Blatte der Handschrift von unbekannter Hand angemerkt ist, geschrieben wurde. Sie ist von Wasserflecken arg zugerichtet, so dass die unteren der Innenseite zugekehrten Halbzeilen theilweise unsicher, theilweise gar nicht zu lesen sind. Einige Blättertheile, die fehlen, sind auf gewaltsame Weise abgerissen worden.

Die Handschrift fängt ganz abrupt mit einigen astrologischen Abschnitten an, die folgende Überschriften tragen: Fol. 1ʳ περὶ ἀρρώστων τροφῆς. — περὶ φαρμάκων συνθέσεως. — περὶ ἀσθενειῶν τῆς σελήνης. — f. 2ʳ ἄλλως περὶ ἀρρώστων. — f. 2ʳ ἔτι περὶ κατακλήσεων (l. κατακλίσεων) ἐξ' ὧν γινώσκομεν τὰς γενέσεις. — f. 4ʳ περὶ νοσούντων,

Hierauf folgt fol. 4ᵛ das unedierte Werk eines Theophilus (vgl. über ihn Fabricius, bibliotheca graeca IV 162 ed. Harl. 2): Θεοφίλου φιλοσόφου πόνοι περὶ καταρχῶν πολεμικῶν καὶ ἐπὶ τρ' τορ ἐξ ὧν ἐν πείρᾳ γέγονεν καὶ ἐκ τῶν ἀρχαίων συνήγαγε προσφωνηθεῖσαι (sic) δευκαλίωνι τῷ αὐτοῦ παιδί mit folgenden Capitelüberschriften: fol. 5ᵛ καταρχὴ πολεμική. — [fol. 8—10 gehören nicht zur Schrift des Theophilus, sondern hängen inhaltlich eng zusammen mit fol. 1—4, wie sich aus folgenden Capitelüberschriften ergibt: fol. 8ᵛ περὶ κρισίμων ἡμερῶν. — εἰ βούλει γνῶναι περί τινος εἰ ὑγιαίνει ἢ νοσεῖ. — περὶ ἀρρώστου. — περὶ τοῦ γνῶναι τὴν νόσον τοῦ ἀποδημοῦντος καὶ τὰς λύπας καὶ τὸν θάνατον. — περὶ νόσων. — f. 8ᵛ περὶ τοῦ ἀρρώστου καὶ τοῦ ἰατροῦ καὶ τῶν φαρμάκων. — f. 9ᵛ περὶ οὗ ἐρωτώμεθα ποῦ ἔχει ἡ νόσος σημεῖον. — f. 9ᵛ περὶ <νόσων> (ergänzt aus der Überschrift auf fol. 31ᵛ) ἐμπεριέχει ὑπόθεσις καὶ περὶ πλεόντων καὶ περὶ δεσμευθέντων. — f. 10ᵛ τῆς σελήνης ἡμέραι καλαὶ καὶ παρατηρήσιμοι. — περὶ τοῦ γνῶναι εἰ ζῇ ἢ ἀπέθανεν. — f. 10ᵛ περὶ ἀρρώστου εἰ ζῇ ἢ ἀπέθανεν. — περὶ νοσούντων τὰ ἐξ κεφάλαια τῶν ιβ' τῶν καταρχῶν].

Zweifelhaft, ob zu Theophilus gehörig, sind folgende Capitel: fol. 14ᵛ περὶ τριγώνων. — f. 15ᵛ περὶ τετραγώνων. — f. 16ᵛ περὶ διαμέτρων. — f. 17ᵛ περὶ ἑξαγώνων.

Nunmehr folgen als sicheres Eigenthum des Theophilus die Capitel: fol. 17ᵛ περὶ πολέμου. — f. 18ᵛ ἐάν τις τυραννίσαι θέλει καὶ ἐὰν τὸν (sic) ἐλευθερῶσαι ἀπὸ ὑποταγῆς τῶν κρατούντων. — ἐάν τε τῶν πολεμούντων καὶ πολεμουμένων. — f. 18ᵛ περὶ τυραννίδος. — f. 20ᵛ ἄλλως πότε γίνεται πόλεμος. — ἢ (l. εἰ) πολὺς ὁ στρατὸς ἢ ὀλίγος. — περὶ δόλου καὶ ἐνέδρας. — f. 20ᵛ περὶ πολέμου. — περὶ τῶν πολιορκουμένων πόλεων. — f. 21ᵛ πρὸς τὸ πολιορκεῖσθαι πόλιν. — περὶ πολιορκουμένων πόλεων. — f. 21ᵛ περὶ λόγγου (l. λόχου) καὶ δόλου καὶ ἐνέδρας. — f. 22ᵛ περὶ στρατείας. — καταρχὴ πολέμου. — f. 22ᵛ ἐὰν ἐρωτηθῇς περὶ πόλεως ᾑρημωμένης ἢ τόπου ἀνακτίζεται ἢ οὔ, κατάκειται ἢ οὐ κατάκειται (l. an beiden Stellen κατοικεῖται) καὶ ὑπὸ τίνος οἰκοδομεῖται. — f. 23ᵛ ἐὰν ἐρωτηθείς (l. ἐρωτηθῇς) περὶ πόλεως πολιορκεῖται ἢ οὐ καὶ ἂν πολιορκῆται σώζεται ἢ παραλαμβάνεται. — f. 23ᵛ καταρχὴ πολεμική. — f. 24ᵛ καταρχὴ πολεμικὴ ἐξ ἧς γνωρίζεται ποία ἡ τοῦ πολέμου ἀναστροφή. — f. 25ᵛ περὶ πολέμων. — προσδόκιμος πόλεμος. — f. 25ᵛ περὶ τοῦ ἐπιμεῖναι ὁ πόλεμος ἢ οὔ. — f. 26ᵛ περὶ πολέμου ποιότητος. — περὶ τῶν ἀποσταλέντων στρατιωτῶν. — f. 29ᵛ περὶ πράσεως καὶ ὠνῆς. — f. 30ʳ περὶ παῖδα ἀγαγεῖν εἰς σχολὴν ἢ εἰς οἵαν βούλει τέχνην. — περὶ αἰτήσεως χαριτογνωμάτων (sic). — f. 31ʳ περὶ νόσων ἐμπεριέχει ἡ ὑπόθεσις καὶ περὶ πλεόντων καὶ περὶ δεσμευθέντων (dasselbe wie fol. 9ʳ). — f. 32ʳ περὶ ὁμοζωνούντων ζώων. — περὶ σχήματος χρόνου διὸς καὶ ἄρεως. — περὶ τῶν σχημάτων ἀφροδίτης καὶ ἑρμοῦ. — f. 32ᵛ περὶ σχημάτων τῆς σελήνης. — περὶ στηριγμῶν. — περὶ δορυφοριῶν. — περὶ ἐκλογῆς τῆς εἰς πόλεμον ἐξελεύσεως ποίησαμ (sic) ἐκ τῶν μυστηρίων τῶν βιβλίων λογίων ἀνθρώπων καὶ ἀκριβῶν. εἰσὶν δὲ κεφάλαια ἀναγκαιότατα σφόδρα, ἃ δὲ ἐκ πείρας καὶ δοκιμασίας ἐξελαβόμην ἀπὸ διδασκάλων ἐπιστημόνων καὶ ἀληθῶν. — f. 34ʳ περὶ τῶν τεκμηρίων τοῦ πολέμου. — f. 34ᵛ περὶ τοῦ τέλους τοῦ πολέμου καὶ οἱ καιροὶ αὐτοῦ. — f. 35ʳ περὶ ἀναλύσεως πολέμου. — ζωροάστρου καταπράξεων δινὸν (l. τινῶν) περὶ πολέμου προσδοκωμένου. — f. 36ʳ περὶ βασιλέως καὶ ἐξουσιῶν. — f. 36ᵛ καταργὴ πολεμική. — f. 37ᵛ περὶ πολιορκίας. — f. 38ᵛ ἐὰν θέλῃ τις πολιορκῆσαι πόλιν καὶ εἰρήνην ὡσαύτως αἴρειν. — περὶ πόλεως ἠρημωμένης. — f. 39ʳ περὶ προβολῆς ἀρχόντων.

Mit fol. 39 beginnt das erste Buch Hephaestions: ἡφαιστίωνος θηβαίου βιβλίον πρῶτον καθολικόν, welches fol. 62ᵛ endet: τέλος τοῦ α' βιβλίου .. ἡφαιστίωνος θηβαίου βιβλίον δεύτερον. Das zweite Buch schließt fol. 143ᵛ ohne weiteren Zusatz des Schreibers, das dritte nach der Handschrift mit dem 22. Capitel περὶ ἀγώνων καὶ θεωριῶν endend fol. 165ʳ: τέλος σὺν θεῷ τοῦ τρίτου βιβλίου δορώθ. Das letzte Wort ist jedenfalls als der Name Δωρόθεος zu lesen, über dessen Bedeutung wir an anderer Stelle zu sprechen haben werden. Was nunmehr von fol. 165ʳ bis fol. 175ᵛ folgt, ist jedenfalls eine Fortsetzung der καταρχαί des Hephaestion, obwohl weder dessen Name noch die Buchzahl auf diesen Blättern der Handschrift sich findet. Mit Ende des fol. 175ᵛ hört die schöne Schrift, die sich gegen das Ende des Manuscriptes (von fol. 148ᵛ an) findet, mitten in einem Abschnitte auf, wobei von junger Hand die Bemerkung: deest folium hinzugefügt ist. Dass diese Bemerkung richtig ist, dass auf diesem fehlenden Blatte der Schluss des Werkes des Hephaestion stand und dass endlich jene zehn letzten Blätter dem Hephaestion gehören, wird später gezeigt werden. Das letzte Blatt der Handschrift (fol. 176) befand sich ursprünglich nicht an dieser Stelle; es hat folgende rothe Überschriften: περὶ ἀναλύσεως, περὶ πολέμου u. s. w., astrologischstrategische Sachen, die zum Werke des Theophilus gehörig, wie sich schou aus der gleichen Schrift schließen lässt, theilweise auch auf fol. 35 stehen.

Die zweite, an Vollständigkeit hinter der angeführten weit zurückstehende Handschrift ist

A   der Codex Parisinus graecus Nr. 2841, eine Pergamenthandschrift des 13. Jahrhunderts in Octav, welche aus 66 Blättern besteht, fol. 1—25 enthalten den Aratus mit Scholien ohne vorausgehende Einleitung. Mit fol. 26ʳ beginnt das dritte Buch Hephaestions: ἡφαιστίωνος φιλοσόφου θηβαίου περὶ καταρχῶν κοινῶς βιβλίον γ'. Auf fol. 32ʳ bricht mitten auf der Seite der Hephaestiontext mit den Worten: ἐπὶ βλάβης πιστεύεσθαι δανείζειν κιχρᾶν ἀποδημεῖν ὁδοῦ ἐνάρχεσθαι. — diese finden sich in P auf fol. 154ʳ — gegen den Schluss des Capitels περὶ καθολικῶν καταρχῶν καὶ παρατηρήσεων ab, und nunmehr folgt von derselben Hand, ohne jedwedes äußeres Zeichen der Nichtzusammengehörigkeit der beiden Theile geschrieben, ein Stück astronomischen Inhalts, welches mit den Worten beginnt: προκειμένῳ χρόνῳ ἀποδείκνυται ἀπὸ τοῦ ἱππάρχου ἀεὶ ἀπὸ ἐκλείψεως ἐπὶ ἑτέραν ὁμοίαν ἔκλειψιν ἀποκατάστασις τοὺς ἴσους μῆνας περιέχουσα κτλ und fol. 34ᵛ schließt: ταῦτα μὲν οὖν περὶ τῆς ὀνομασίας ἀπαιτεῖ τὴν ἀληθῆ ἱστορίαν ἡμεῖς δὲ τοὺς τῆς πραγματείας ἀφέντες ἀριθμοὺς περὶ τῶν ἐν τοῖς προχείροις λέγωμεν κανόσιν. Der übrige Theil der Seite ist leer. Von Namen, die in diesem astronomischen Stück erwähnt werden, nenne ich fol. 32ʳ: τὴν δὲ τοιαύτην περίοδον εὑρῆσθαι μὲν ὑπό κηδῆνα λέγεται· φαίνονται δὲ πολλοὶ αὐτῇ κεχρημένοι καὶ ὁ πτολεμαῖος; fol. 32ᵛ οἱ μὲν οὖν τρόποι οἷς οἱ παλαιότεροι ἐχρήσαντο καὶ ὁ ἵππαρχος ἦσαν τοιοῦτοι; fol. 33ʳ γράφει δὲ ἀρτεμίδωρος περὶ τῶν κατὰ πτολεμαῖον ψηφοφοριῶν ταῦτα; fol. 34ʳ λέγει δὲ ὁ ἀπολινάριος περὶ αὐτῶν οὕτως. Von fol. 35ʳ tritt eine neue Hand mit größerer Schrift ein: es ist der Anfang von Hephaestions Werk. Von alter Hand war am oberen Rande der Seite der Titel geschrieben, der jetzt zwar stark beschnitten, aber doch noch sicher zu lesen ist: ἡφαιστίω(νος) θηβαί(ου) βιβλ(ίον) πρῶ(τον). Auf fol. 59ʳ endet das erste und beginnt das zweite Buch: τέλος τοῦ πρώτου βιβλίου. ἡφαιστίωνος θηβαίου βιβλίον δεύτερον. Mit den Worten εἰς ἐπιμονὴν ζωῆς φιλάνθρωπον. βλάπτει δὲ ἐξαιρέτως κατὰ μὲν τὴν, die in P fol. 77ʳ sich finden, schließt auf fol. 66ᵛ der Text dieser Handschrift.

Die dritte hiehergehörige Handschrift ist

der Codex Parisinus graecus Nr. 2415 (früher Colbertinus 1269, a Regius 2220) aus weissem Papier in Folio, mit schönen, breiten Rändern und zierlicher Schrift, im 16. Jahrhundert geschrieben und seinerzeit offenbar für den Druck bestimmt. Die Handschrift besteht aus 61 numerierten Blättern und enthält das Werk des Hephaestion in demselben Umfange wie A, nur dass die Bücher in ihrer natürlichen Reihenfolge geordnet erscheinen. Wir haben es hier mit einer Abschrift des A zu thun, wie aus folgenden Gründen hervorgeht. Das zweite Buch bricht wie in A mitten im Satze mit den Worten βλάπτει δὲ ἐξαιρέτως κατὰ μὲν τήν, wozu am Rande λείπει gesetzt ist, ab. Auch der Schluss des dritten Buches fehlt wie in A und findet sich dafür jenes astronomische Stück, das der Schreiber genau so wie er es in seiner Vorlage fand, in continuo mit dem Hephaestiontexte reproducierte. Ferner steht in dieser Handschrift fol. 32ʳ χρόνου δὲ ὅθεν ἀναγκαῖον μόνου μαρτυροῦντος, was sich daraus erklärt, dass in der Vorlage A χρόνου δὲ fol. 55ᵛ am Ende einer Zeile, μόνου μαρτυροῦντος am Anfang der folgenden, ὅθεν ἀναγκαῖον aber am Anfang der dritten Zeile steht. Der Schreiber unseres Manuscriptes hatte also zuerst eine Zeile seiner Vorlage übersprungen. Nach diesen Indicien, deren Zahl noch, wenn es nöthig wäre, vermehrt werden könnte, *) ist wohl die Annahme zwingend, dass diese Handschrift direct aus A abgeschrieben ist und für die Kritik des Hephaestion fast gar keinen Wert haben darf.

2. Handschriftlich erhaltene Auszüge aus Hephaestion.

Wir gehen nunmehr zur Besprechung der Handschriften über, die theils Paraphrasen, theils Auszüge, theils Citate aus Hephaestion enthalten. Selbstverständlich machen wir bei unserer Aufzählung keinen Anspruch auf Vollständigkeit.

Eine Art von astrologischer Anthologie, deren Kern auf Hephaestion zurückzuführen ist, enthalten mehrere Florentiner und Pariser Handschriften. So der Codex Laurentianus plut. 28 cod. 13 saec. XIV fol. 98 ff.: ἐκ τῶν ἡφαιστίωνος τοῦ θηβαίου ἀποτελεσ-

*) Selbstverständlich ist die Übereinstimmung in den einzelnen Lesarten, abgesehen von ganz naheliegenden Correcturen von Schreibfehlern u. ä., die der Schreiber von a vornahm, eine vollkommene.

μα:ικῶν καὶ ἑτέρων παλαιῶν. Das erste Capitel ist überschrieben περὶ τῆς τῶν ιβ' μοιρῶν ὀνομασίας καὶ δυνάμεως, das letzte περὶ δραπετῶν, welches mit den Worten: τούτων ἡ σύνθεσις σημαίνει μετὰ πόσας ἡμέρας εὑρεθήσεται ὁ δραπέτης schließt. Auf fol. 237 findet sich ferner ein Abschnitt des Hephaestion: ἡφαιστίωνος περὶ τοῦ αὐτοῦ (scil. de decubitu infirmorum), welcher mit den Worten: ἰστέον ὅτι οἱ ἀρξάμενοι νοσεῖν beginnt und schließt: σημαίνει οὖν κινδυνῶδες εἶναι. ἔστι δὲ τὸ κανόνιον τόδε, worauf eine Tabelle folgt.

Ganz ähnlich angelegt ist der Codex Laurentianus plut. 28 cod. 14 saec. XIV, wo die aus Hephaestion compilierte Anthologie die Capitel 26—224 der Handschrift umfasst. Die Überschrift ist genau dieselbe wie in der vorhergehenden Handschrift. Cap. 26 περὶ τῶν ιβ' μορίων ὀνομασίας καὶ δυνάμεως beginnt: τὸν ζωδιακὸν οἱ παλαιοὶ εἰς ιβ' τμήματα διεῖλον, Cap. 224 περὶ τῶν ζ' ἀστέρων schließt: ποιεῖ κατὰ οἶκον ἡμέρας β' . . ἀγαθοποιόν. Auf den fehlenden zwei folgenden Quaternionen stand nach dem Index unter anderem auch Hephaestions obenerwähnter Abschnitt de decubitu infirmorum. Fol. 212 folgt ein Auszug ἐκ τῶν τοῦ ἡφαιστίωνος ἀστρονομικῶν, dessen Prooemium beginnt: τῆς οὐρανίας διαθέσεως und schließt: ὃ οἱ πολλοὶ θεμάτιον ὀνομάζουσι λέξομεν. Das erste Capitel (das 276. des ganzen Codex) περὶ τοῦ θεματίου ὅπως σχηματίζηται beginnt: θεμάτιον τοίνυν λέγεται ἡ ὅλη οὐρανία διάθεσίς τε καὶ περιφορά und das letzte (beziehungsweise das 397. der ganzen Handschrift) περὶ ἐπεμβάσεως schließt: ἤτοι τῶν μοιριαίων ἐποχῶν αὐτῶν τῶν χρονοκρατόρων. Ob der Verfasser dieser ἀστρονομικά identisch ist mit unserem Hephaestion Thebanus, kann ich nicht entscheiden, da mir über die Florentiner Handschriften keine anderen Daten zur Verfügung stehen, als die, welche Bandini's Catalog bietet. Jedenfalls sind aber diese ἀστρονομικά, nach Bandini's erwähnten Angaben zu schließen, nicht identisch mit den ἀποτελεσματικά (περὶ καταρχῶν).

Auch der Codex Laurentianus plut. 28 cod. 16 saec. XIV enthält fol. 116 den Auszug aus Hephaestion und zwar von Capitel 21 bis 233, nur dass das Schlusscapitel περὶ δραπετῶν fehlt und nunmehr die Schlussworte lauten: ὁμοίως λαμβάνονται καὶ οὐ κατὰ τὸ ἀνάπαλιν.

Weiters ist zu erwähnen der Codex Parisinus graecus Nr. 2501 (Colbert. 4510, Reg. 3211,3) saec. XIV, der von fol. 106ʳ—143ʳ unter dem Titel ἐκ τῶν ἡφαιστίωνος τοῦ ϑηβαίου ἀποτελεσματικῶν καὶ ἑτέρων παλαιῶν einen Auszug aus den zwei ersten Büchern des Hephaestion (das Schlusscapitel ist ἑρμοῦ χρονοκρατορία) bietet. Der Rest von fol. 143ᵛ ist leer, dann folgt fol. 144ʳ: πῶς δεῖ σκέπτεσϑαι τὰς μεταφορὰς τῶν χρόνων καὶ τὰ συμβαίνοντα ἐν αὐτῷ κατὰ τὰς δὲ τροπὰς τοῦ ἐνιαυτοῦ, dem sich die καταρχαί des Theophilus anschließen.

In ähnlicher Weise enthält der Codex Parisinus graecus Nr. 2507 (Cod. Telleriano-Remensis 77, Reg. 3214, 2) von fol. 41ʳ an 134 Excerpte d. i. Capiteln ἐκ τῶν τοῦ ἡφαιστίωνος ἀποτελεσματικῶν.

Wie man aus der eben gegebenen Beschreibung sieht, ist der Hephaestion betreffende Inhalt der fünf zuletzt erwähnten Handschriften gleichartig — ein kürzerer oder längerer Auszug aus dem Werke des Hephaestion.

Einzelne Abschnitte aus Hephaestion enthält insbesondere der Codex Vindobonensis phil. graec. CVIII saec. XV, ein 371 Blätter in klein Folio umfassendes Manuscript durchgehends astrologischen Inhalts. Die mit dem Namen des Hephaestion überschriebenen Capiteln sind folgende:

fol. 226ᵛ — 228ᵛ Cap. μγ'. ἡφαιστίωνος περὶ καϑολικῶν καταρχῶν (incipit: τὴν καϑολικὴν τάξιν καὶ ἡγεμονικὴν δύναμιν = Heph. Buch III Capitel 5).

Zwischen fol. 236 und 237 fehlen in der Handschrift jetzt 14 Blätter, darunter nach dem Index der Handschrift Capitel ξβ'. ἡφαιστίωνος περὶ ἀποτελεσμάτων παντοίων.

Fol. 278ʳ Cap. ρλβ'. τοῦ ἡφαιστίωνος περὶ ϑησαυροῦ (inc.: εἰ ἐρωτηϑῇς περὶ τόπου εἰ ἔστιν ἐκεῖ ϑησαυρός — des.: παρειλήφϑης ἐκεῖσε παρ' αὐτοῦ σαφηνισϑέντος). Ein Capitel περὶ ϑησαυροῦ findet sich indes in dem in meinen Händen befindlichen Hephaestiontext nicht.

Fol. 284ʳ ρνη'. ἐκ τῆς βίβλου τοῦ μαϑηματικοῦ ἡφαιστίωνος ἰδίως ἔχον καὶ τοὺς λη' ἀστέρας (inc.: κατείληπται δὲ καὶ ἡ τῶν ἀπλανῶν ἀστέρων δύναμις . . des.: ὑποσημαινόντων τὰ χρώματα καϑὼς οἱ ἀρχαῖοι καὶ ὁ ϑεῖος πτολεμαῖος ἐκτίϑεται οὖτος [l. οὕτως]). Auch dieses Capitel finde ich in meinem Hephaestiontexte nicht.

Fol. 301ʳ ρξδ'. ἡφαιστίωνος ἀπὸ τοῦ τρίτου αὐτοῦ βιβλίου (inc.: σκέπτονται δὲ τὰς γενέσεις οὖτως (οὖτος Codex) ὡς ἐκτίϑεται οἱ περὶ πετόσιριν καὶ νεχεψὼ καὶ ἐξ αὐτῶν ἀντίχων ὁ νεκαὸς · ἐγένετο, φησίν, τις κτλ.).

Fol. 326ʳ —327ʳ ρηβ'. περὶ δὲ γε καταρχῶν φησιν ὁ ἡφαιστίων (inc.: πρὸς δὲ προσέχειν ... des.: τεχνικός καὶ γνῶσει καὶ τὸν λόγον).

Fol. 340ʳ ρης'. εἰς κεφάλαιον ρλε' τοῦ ἡφαιστίωνος (inc.: ἐὰν ἐπὶ τῆς ἀποκυήσεως εὑρεθῇ ἡ σελήνη φερομένη πρὸς τοὺς κακοποιούς κτλ.).

Fol. 347ʳ ρξθ' τοῦ ἡφαιστίωνος (inc.: βλέπε τὴν ὥραν τῆς ἐρωτήσεως κτλ.).

Auch diese drei letzten Citate vermag ich nicht zu agnoscieren. Man muss daraus den Schluss ziehen, dass dem Compilator dieser astrologischen Sammlung Hephaestions Werk nicht im Original vorlag, sondern nur in einem Auszuge, der möglicherweise, wie wir dies schon gesehen haben, neben Hephaestion noch andere astrologische Schriften in seinen Bereich zog. Wenn wir nun erwägen, dass solche Auszüge Titel wie ἐκ τῶν Ἡφαιστίωνος ἀποτελεσματικῶν καὶ ἑτέρων παλαιῶν führten, so ist es unschwer einzusehen, dass unser Compilator leicht verführt werden konnte, Capitel dem Hephaestion zu vindicieren, die ihm nicht angehörten.

Anders verhält es sich mit dem Codex Laurentianus plut. 28 cod. 34 saec. XI, der bekanntlich auch die Metaphrase der καταρχαί des Maximus enthält. Den Inhalt dieser Handschrift hat Arthur Ludwich in seiner Ausgabe des Maximus (Leipzig, Teubner 1877) S. 125 f. mitgetheilt sowie auch einige kurze Abschnitte daraus veröffentlicht. Obwohl nun, wie es scheint, in der Handschrift der Name des Hephaestion nirgends genannt ist, so sind doch manche Capiteln, wie ich vermuthe, wörtlich dem Hephaestion entnommen. Sicher ist dies von dem Capitel auf fol. 156ʳ περὶ τῶν ἐν ταῖς ἐκλείψεσι σημείων, welches Ludwich S. 122 ff. veröffentlicht hat und das identisch ist mit dem gleichnamigen Capitel des ersten Buches des Hephaestion. Leider hat es Ludwich unterlassen, in seinem Capitel-Index der Handschrift die Anfangs- und Schlussworte der einzelnen Capitel anzugeben, weshalb es unmöglich ist, mit Gewissheit zu entscheiden, welche weitere Stücke auf Hephaestion zurückzuführen sind. Ich vermuthe indes, dass die Abschnitte fol. 106ʳ περὶ τῆς τοῦ κυνὸς ἐπιτολῆς und fol. 107ʳ ὅσα δὲ ἀποτελοῦσιν οἱ ε' πλανῆ ἐν τοῖς δωδεκατημορίοις κατὰ τὴν τοῦ ἄστρου ἀνατολὴν ταῦτα ἐστίν dem Capitel des ersten Buches des Hephaestion περὶ ἐπισημασιῶν τῆς τοῦ Κυνὸς ἐπιτολῆς καὶ τῶν πρὸς αὐτὴν ἀστέρων, weiters fol. 114ʳ περὶ καθολικῶν ἐπισκέψεων καὶ ἀποτελεσμάτων dem Capitel des Hephaestion περὶ καθολικῶν ἐπισκέψεων καὶ ἀποτελουμένων, ferner fol. 117ʳ ἀποτελέσματα γιγνομένων ἐκλείψεων καὶ τῶν κομητῶν sowie fol. 122ʳ περὶ τῶν ἐν ταῖς ἐκλείψεσι χρωμάτων καὶ κομητῶν und fol. 158ʳ περὶ καθολικῶν καταρχῶν καὶ παρατηρήσεων den gleichüber-schriebenen Abschnitten des Hephaestion entsprechen.

In dem aus 342 Blättern in Folio bestehenden astrologischen Codex Parisinus graecus Nr. 2419 (früher 1843) saec. XV erscheint der Name des Hephaestion nur einmal auf fol. 133ʳ ἡφαιστίωνος ἀπὸ τοῦ τρίτου αὐτοῦ βιβλίου περὶ γενέσεως βρέφους (inc.: ἐγεννήθη τις ἔχων τὸν μὲν ἥλιον ἐν ὑδροχόῳ μοῖρα ἥ, τὴν δὲ σελήνην κτλ... des.: καὶ ἀδελφὴν μίαν ἔσχεν· ἐν ἀπονίᾳ δὲ καὶ στάσει ἐγίνετο πρὸς τοὺς ἰδίους, περὶ δὲ ἐτῶν ἔτι τελευτᾷ ὑδρωπικῇ δυσπνοίᾳ περιπεσών.). Diese Stelle finde ich nicht in meinem Hephaestiontexte, dagegen enthält der Codex manches Eigenthum des Hephaestion ohne Namens-angabe, so beispielsweise den Abschnitt (fol. 100ʳ—102ʳ) περὶ σημασιῶν τῆς τοῦ κυνὸς ἐπιτολῆς καὶ τῶν περὶ αὐτὸν ἀστέρων. Wir geben übrigens an anderer Stelle anhangsweise eine genauere Inhalts-angabe dieser interessanten Kolossalhandschrift.

Auch die S. Marcusbibliothek zu Venedig enthält Hand-schriften mit Excerpten aus Hephaestion. Ich citiere hier nach Morellis Cataloge die griechischen Handschriften Nr. 324, 334 und 335.

Hiemit haben wir beendigt, was wir über die handschriftliche Überlieferung des Hephaestion zu sagen hatten.

3. Hephaestion betreffende Drucke.

Durch den Druck wurde ein Bruchstück von Excerpten aus diesem Schriftsteller bekannt gemacht von Joachim Camerarius („Astrologica" Nürnberg bei Joh. Petreius 1532) S. 4 ff. ἐκ τῶν Ἡφαιστίωνος τοῦ Θηβαίου ἀποτελεσματικῶν καὶ ἑτέρων παλαιῶν. — περὶ τῆς τῶν δωδεκατημορίων ὀνομασίας καὶ δυνάμεως (inc.: τὸν ζωδιακὸν οἱ παλαιοὶ εἰς δώδεκα τμήματα διεῖλον.) Wie man aus der Überschrift sieht, muss Camerarius eine Handschrift benützt haben, die den Auszug aus Hephaestion in der Weise wie die codices

Laurentiani XXVIII 13, 14 und 16 oder Parisini 2501 und 2507
enthielt. Demgemäß finden sich z. B. die im Originaltexte des
Hephaestion stehenden Citate aus astrologischen Dichtern (Dorotheus,
Annubion) bei Camerarius nicht.

Diese Dichtercitate hinwiederum sind gesondert herausgegeben
zuerst von Iriarte, Regiae bibliothecae Matritensis codices graeci
mss. I 243 ff. nach zwei handschriftlichen Blättern, die einer zu
Florenz 1494 gedruckten Ἀνθολογία διαφόρων ἐπιγραμμάτων ἀρχαίων
(cod. LXVIII) vorgebunden sind und eben nichts anderes als jene
Citate enthalten. Es sind im Ganzen 98 Verse mit folgenden Über-
schriften:

1. ἐκ τῶν Ἡραιστίωνος τοῦ Θηβαίου ἐκ τοῦ α' περὶ τῶν καταρχῶν·
ἐκ τῶν Δωροθέου (folgen 21 Verse).

2. ἐκ τῶν τοῦ αὐτοῦ Δωροθέου περὶ ὁρίων (41 Verse).

3. Δωροθέου περὶ τριγώνων (13 Verse).

4. τοῦ αὐτοῦ · ἐν οἷς χαίρουσι τόποις οἱ ἀστέρες (4 Verse).

5. τοῦ αὐτοῦ · περὶ ὑψωμάτων (7 Verse).

6. περὶ μοίρας ὡροσκοπούσης, ὡς Ἀννουβίων ἐν τοῖς ἐλεγείοις
(12 Verse).

Nach Iriarte sind diese Bruchstücke von Köchly als Anhang
zu Manetho veröffentlicht worden (Paris, Didot 1851 und Leipzig,
Teubner 1858). Diese Verse sind mit Ausnahme der sechs zuletzt
angeführten Disticha, die dem zweiten Buch des Hephaestion ange-
hören, im ersten Buch enthalten und scheinen aus dem Pariser
Manuscript Nr. 2841, das, wie oben erwähnt, nur das erste Buch des
Hephaestion vollständig, vom zweiten und dritten dagegen nur den
Anfang enthält, entnommen zu sein, da im ganzen Hephaestiontexte
sich weitaus mehr Verse finden, dagegen jene unvollständige Hand-
schrift im ersten und (unvollständigen) zweiten Buche genau die-
selbe Anzahl von Versen (98) wie die Madrider Blätter enthält.
Wenn auch die Vorlage des Schreibers des Madrider Fragments
nicht gerade jener Pariser Codex war, so war doch ihr Umfang
höchst wahrscheinlich ziemlich gleich.

Den ganzen Hephaestion hat dagegen Salmasius gekannt, der
in seinen Exercitationes Plinianae und in seinen Diatribae de annis
climactericis et antiqua astrologia 33 von den eben angeführten
Versen und von Prosastellen des Hephaestion solche citiert, die in

der Pariser Handschrift Nr. 2841 nicht enthalten sind, sondern nur in der Pariser Handschrift Nr. 2417 sich finden (so beispielsweise im letzteren Werk S. 789 das Capitel des vierten (?) Buches ἐν ποίαις ἡμέραις τῆς σελήνης ἀληθεύουσιν οἱ ὄνειροι, S. 821 aus dem vierten (?) Buche περὶ ἐμπράκτων καὶ ἀπράκτων ὡρῶν). Überhaupt verfügte Salmasius über ein staunenswert reichhaltiges Material von griechischen astrologischen Schriften, die er, wie er an mehreren Stellen seines Werkes de annis climactericis erwähnt, zu veröffentlichen gedachte, so insbesondere den Vettius Valens und Hephaestion.

Über das von Ludwich edierte Stück des Hephaestion wurde bereits an anderer Stelle gesprochen und es erübrigt nur hier zu bemerken, dass das αἱ χῶραι συνοικειούμεναι τοῖς ιβ´ ζωδίοις betitelte Capitel bei Ludwich S. 112, wie auch dieser bereits erkannt hat, größtentheils auf Hephaestion zurückgeht.

Hiemit haben wir die Geschichte der Überlieferung des Hephaestiontextes beendet und wollen zum Schlusse dieses Abschnittes anhangsweise den Inhalt der größten, uns bekannten griechischen astrologischen Sammlung, die in dem bereits besprochenen Codex Parisinus 2419 enthalten ist, mittheilen, da wir voraussetzen, dass derselbe von allgemeineren Interesse sei.

Der Codex Parisinus graecus Nr. 2419, eine Papierhandschrift des 15. Jahrhunderts, aus 342 Blättern bestehend, wurde von einem Georgios Midiates geschrieben, vgl. fol. 288 ἕως ὧδε ἐτελειώθη ἡ ὁδός ἡ καθαρή, τοῦ ἀδελφοῦ Ἀμπέρτου τοῦ Θεοκτανίκου τοῦ μεγάλου φιλοσόφου τῆς ἀλχμίας γραφομένη δι' ἐμοῦ Γεωρ τοῦ διδασκάλου τοῦ Μειδια. Auf fol. 340ᵛ schrieb Matthaeus Devarius: πίναξ · αὕτη ἡ μεγάλη βίβλος, ἣν ἐκόμισέ τις ἄλλην ἐν βαλνεαρίᾳ διατρίβοντι τῷ δεσπότῃ,*) περιέχει ἀστρονομικά τινα καὶ ἰατρικά καὶ ἄλλα διάφορα.

Fol. 1ᵉ enthält eine Figur, die einzelnen Theile des menschlichen Körpers darstellend, wie sie den einzelnen Zodiakalzeichen unterstehen. Hierauf folgt eine astrologische Anthologie in vier Büchern; jedem Buche mit Ausnahme des ersten geht ein Capitelindex voraus.

----

*) Damit ist der Cardinal Nicolaus Rudolph gemeint, dessen Bibliothekar Devarius war.

Fol. 1r βιβλίον ἀστρονομικὸν περιέχον τὰς κρίσεις τῆς ἀστρονομίας σὺν θεῷ ἁγίῳ. οὗ ἡ ἀρχή, περὶ ἀστρονομίας πρῶτον τίς ἐφεῦρεν αὐτήν, ὅτι ἔδωκεν αὐτὴν ὁ θεὸς εἰς τὸν κόσμον (Inc.: ὁ σωτὴρ ἔφησε τὸ μάθημα τῆς ἀστρονομίας δι' ἀγγέλων κυρίου, ὅθεν καὶ προγνοὺς τὰ μέλλοντα γενέσθαι κατακλυσμοὺς διὰ πυρὸς καὶ ὕδατος δύο πύργους ἀνοικοδόμησεν, λίθινον καὶ πλίνθινον, ἐν οἷς καὶ τὸ μάθημα τῆς ἀστρονομίας συνέγραψεν, ἵνα εἰ μὲν διὰ πῦρ γίνηται ὁ κατακλυσμός, μένῃ ὁ πλίνθινος, εἰ δὲ δι' ὕδατος γίνηται ὁ κατακλυσμός, μένῃ ὁ λίθινος. καὶ εἰς τὴν παλαιὰν λέξιν λέγει ὅτι ὁ αἰθίοψ ἐγέννησι τὸν εὐρὺ τὸν γίγαντα καὶ κυνηγὸν καὶ αὐτὸς πρῶτος εὗρε τὴν μαγίαν καὶ ἀστρονομίαν ὁ αὐτὸς δὲ καὶ ὁ κτήσας (l. κτίσας) τὴν βαβυλῶνα τὴν μεγάλην). — 2. περὶ τῆς δημιουργίας τοῦ κόσμου παντός. — (f. 2r) 3. περὶ τὴν τοῦ κόσμου ⟨γένεσιν⟩ καὶ περὶ ταύτης ὑπόδειγμα καὶ περὶ ταύτης ὑπερβάσεως καὶ περὶ κλίμακτῆρος. — (f. 2v) 4. περὶ τοῦ ζωδιακοῦ κύκλου τῶν ιβ' μοιρίων καὶ τῶν ὁρίων καὶ τῶν λαμπρῶν μοιρῶν κατὰ αἰγυπτίων καὶ τοῦ πτολεμαίου. — (f. 7r) 5. περὶ δεκανοῦ ἤτοι μορφῆς καὶ προσώπων τῶν ιβ' ζωδίων καὶ περὶ τίνα τῶν ζ' ἀστέρων ἔχουσι συγκοινωνίαν. — (f. 8r) 6. περὶ τῶν λς' δεκανῶν καὶ τῶν παρανατελλόντων ἐν αὐτοῖς ἀστέρων καὶ τῶν προσώπων αὐτῶν. — (f. 8r) 7. περὶ τῶν ὁρίων διαθέσεων κατ' αἰγυπτίων καὶ τοῦ πτολεμαίου. — (f. 9r) 8. ἔτι περὶ αὐτῶν τῶν ἀστέρων ὡροσκοπούντων ἐν τοῖς ὁρίοις. — (f. 11r) 9. περὶ τῶν τριγώνων τῶν τεσσάρων συνοικειώσεως. — (f. 11v) 10. ἔτι καὶ περὶ τριγώνων μονομοιρίας κανόνιον. — (f. 12v) 11. ohne Überschrift. — 12. περὶ οἰκοδεσποτείας καὶ συνοικοδεσποτείας. — ὅμοιον κατ' αἰγυπτίων. — (f. 14r) 13. περὶ συναφῆς καὶ κολλήσεως καὶ ἀπορροίας. — (f. 14r) 14. περὶ ἐμπεριοχίσεως. τριχῶς λεγόμενον. — 15. περὶ ἀκτινοβολίας. — 16. περὶ ἐπιδεκατείας. — 17. περὶ συμφωνίας. — 18. περὶ καθυπερτερήσεως. — 19. περὶ ὁμοιώσεως. — (f. 15r) 20. περὶ δορυφορίας. — 21. περὶ ἰδιοπροσωπίας. — 22. περὶ περικολλήσεως. — 23. περὶ κενοδρομίας. — (f. 15v) 24. περὶ ἐμπεριοχίσεως. — περὶ ἐνδυνάμεως τῶν ἀστέρων. — περὶ λαμπηρῶν. — περὶ συνδέσμου τῆς σελήνης. — περὶ οἰκοδεκτόρου. — περὶ παραιρέτου. — (f. 16r) 25. πῶς κεῖνται οἱ ζ' ἀστέρες ἐν ταῖς ζώναις. — (f. 16v) 26 περὶ τῶν σχημάτων τῆς σελήνης. — (f. 17r) 27. περὶ τῶν ἀσυνδέτων καὶ συμπάθειαν ἐχόντων πρὸς ἄλληλα. — 28. περὶ τῶν ἀκουόντων καὶ βλεπόντων ἀλλήλους. — 29. περὶ τῶν προστασσόντων καὶ ὑπακουόντων ζωδίων. — (f. 18r) 30. θέσις περιληπτικὴ τῆς τῶν ζωδίων ἐνεργείας. — (f. 18v) 31. περὶ τῶν ἐνεργειῶν καὶ μορφώσεων. — (f. 19r) 32. μίθοδος περὶ τῶν κλήρων πῶς δεῖ εὑρίσκειν αὐτούς. — (f. 21r) 33. περὶ κλήρων σημασίας ἢ τί σημαίνουσιν. — (f. 21v) 34. τοῦ σοφωτάτου οὐάλεντος περὶ τὰς ἐπεμβάσεις τῶν ἀστέρων κατὰ θεματίων καὶ γενεθλίων. — (f. 23v) 35. περὶ τῆς τῶν ἀπλανῶν ἀστέρων δυνάμεως. — (f. 24r) 36. περὶ τῶν βορειοτέρων τοῦ ζωδιακοῦ μορφώσεων. — (f. 24r) 37. περὶ τῶν νοτιωτέρων τοῦ ζωδιακοῦ μορφώσεων. — 38. περὶ τῶν ἀπλανῶν ἀστέρων θέσεις. — 39. περὶ ἀνατολῶν καὶ καταδύσεων τῶν αὐτῶν. — (f. 25r) 40. ἐποχαὶ ἀπλανῶν ἀστέρων μέχρι δεκαμοιριαίου πλάτους καὶ μεγέθους διὰ τῶν ιβ' ζωδίων μορφώσεις (sehr schöne Tabellen!) — (f. 32r) 41. πετοσίρεω μαθηματικοῦ πρὸς νεχεψὼ τοῦ βασιλέως. — 42. ψῆφος μαθηματικοῦ πυθαγόρου περὶ τοῦ γνῶναι διὰ τὰς μονομαχίας τίς νικᾷ καὶ τίς ὁ νικώμενος καὶ περὶ γάμου εἰ συμφέρει καὶ περὶ κοινωνίας εἰ συμφέρει καὶ περὶ ἀποδίσαντος εἰ εὑρήσει · καὶ περὶ τοῦ γνῶναι τὸν κλέπτην καὶ περὶ ἀρρώστων, περὶ ἀποδημίας καὶ ἁπλῶς περὶ πάντων (inc.: πυθαγόρας πρὸς ἡλία χαίρειν). — (f. 33r) 43. μηνολόγιον σὺν θιῷ . ἀρκτέον δὲ ἀπὸ σεπτρ. — (f. 35r) 44. κλαυδίου πτολεμαίου βιβλίον ὁ καρπός. κφλ . ρ'. — (f. 37r) 45. ἀπὸ τῆς βίβλου ἀπομαζάρ. κεφάλαια ἀναγκαιότατα. — (f. 37v) 46. περὶ τὰς φύσεις τῶν ζωδίων. — (f. 38v) 47. περὶ τῆς τῶν ἀστέρων συγκράσεως. — 48. περὶ τῶν τριάκοντα ἓξ δεκανῶν τῶν ζωδίων καὶ μετὰ ἀποτελεσμάτων αὐτῶν κατὰ χαρακτήρων · κατὰ χαλδαίων φωνάς. — (f. 40v) 49. περὶ ἀρσενικῶν καὶ θηλυκῶν ζωδίων καὶ ἀρρενουμένων καὶ θηλυνομένων τόπων καὶ ἀστέρων. — 50. περὶ αἱρέσεως τῶν ἀστέρων. — (f. 41r) 51. περὶ ὧν ἡ σελήνη, καὶ ἓξ ἀστέρες βλάπτονται. — 52. περὶ τῶν ἀσυνδέτων ἀστέρων πρὸς τὴν σελήνην. — 53. ἀποτελέσματα τῶν δορυφοριῶν τοῦ ἡλίου. — (f. 41v) 54. περὶ τῆς μεταβάσεως τῶν ἀστέρων εἰς τὰ ζώδια. — (f. 40v) 55. τί σημαίνει ἕκαστον τῶν ζωδίων καὶ τίνα δεσπόζουσιν. — 56. ποῖα τῶν εἰδῶν ἀνήκει ἑκάστῳ ἀστέρι. — (f. 47r) 57. περὶ τῶν δεκανῶν. — (f. 47v) 58. περὶ τῶν συναφῶν τῆς σελήνης πρὸς τοὺς ἀστέρας μετὰ τὸ χωρισθῆναι αὐτὴν τὴν σύνοδον ἢ τὴν πανσέληνον καθ' ἕκαστον ζῷον. — (f. 51r) 59. περὶ τῶν τριγώνων τῶν ἀστέρων. — (f. 51v) 60. περὶ ἐπιδεκατείας τῶν ἀστέρων ἐν τῇ πολεμικῇ καταρχῇ. — (f. 52r) 61. περὶ σημείων τῶν αὐτῶν εἰς πόλεμον. — 62. περὶ τῶν σχηματισμῶν τῶν ἀστέρων. — (f. 51r) 63. τοῦ αὐτοῦ περὶ πεύσεως. — (f. 57r) 64. περὶ τῶν καλουμένων κέντρων ἐπαναφορῶν τε καὶ ἀποκλιμάτων καὶ τῆς ἑκάστου τῶν ιβ' τόπων ὀνομασίας τε καὶ δυνάμεως. — (f. 62r) 65. περὶ κλήρου τύχης εἰς τοὺς ιβ' τόπους. — (f. 62v) 66. μέθοδος κολλήσεως ἡλίου καὶ σελήνης καὶ περὶ χρόνου ζωῆς.

Fol. 64r beginnt das zweite Buch: 1. περὶ κοινῶν καὶ ἡμερινῶν καταρχῶν. — (f. 65r) 2. περὶ καταρχῶν ἐν συνόδοις καὶ πανσελήνοις. — 3. ἄλλως ἐπὶ πάσης καταρχῆς. — (f. 65v) 4. περὶ τοῦ τρόπου τῆς καταρχῆς. — 5. περὶ καταρχῆς ἐκ τῆς τῶν φωστήρων. — 6. περὶ τῆς τοῦ ἡλίου καταρχῆς. — 7. περὶ σελήνης καταρχῆς. — (f. 66r) 8. διαίρεσις καταρχική. — (f. 66v) 9. ποταπὴ ἡ καταρχή. — 10. τί τὸ εἶδος τῆς καταρχῆς. — 11. στοχασμὸς τῆς καταρχῆς. — (f. 67r) 12. ποταπὸς τῆς καταρχῆς. — 13. ἔτι περὶ καταρχῆς κοινῶς. — (f. 68v) 14. πῶς ἄν τις γνοίη τὰς πεύσεις τῶν βουλομένων σκέψασθαι ἐκ τῆς καταρχῆς. — (f. 69r) 15. περὶ καταρχῆς ἀπὸ δήμου. — (f. 69v) 16. ἑρμοῦ τοῦ τρισμεγίστου μέθοδος μυστικὴ εἰς πᾶσαν καταρχήν. — (f. 70v) 17. περὶ ἐκλελειμμένων ἡμερῶν καὶ ὡρῶν εἰς τὸ ποιεῖν καταρχάς τινων ὑποθέσεων. — 18. περὶ καταρχῆς πολεμικῆς. — 19. περὶ καταρχῶν ἐμπορησμοῦ καὶ καταποντισμοῦ. — (f. 71r) 20. περὶ καταρχῶν στρατείωνος. — 21. περὶ πρακτικῶν καὶ ἀπράκτων ἡμερῶν. — 22. περὶ ἐμπράκτων καὶ ἀπράκτων ὡρῶν. — (f. 71v) 23. περὶ μηνῶν. — 24. περὶ μοιρῶν ἀρρένων καὶ θηλειῶν. — 25. περὶ μοιρῶν λαμπρῶν καὶ σκοτεινῶν καὶ σκιωδῶν καὶ κούφων τῶν ιβ' ζωδίων. — (f. 72r) 26. περὶ εὐτυχῶν μοιρῶν. — 27. στεφάνου φιλοσόφου ἀλεξανδρέως ἀποτελεσματικὰ πράγματα πρὸς τιμόθεον γραμματικὸν τὸν ἑαυτοῦ μαθητὴν περὶ θέσεως τοῦ μωάμεθ. — (f. 76v) 28. περὶ τοῦ ἐνιαυτοῦ καὶ πῶς δεῖ πράττειν. — (f. 77r) 29. περὶ τοῦ ἐνιαυτοῦ καὶ μηνὸς καὶ ἡμέρας καὶ μοίρας (l. ὥρας). — (f. 77v) 30. διαίρεσις τῆς χρονοκρατορίας ἑκάστου τῶν ἀστέρων. — (f. 83r) 31. πῶς δεῖ σκέπτεσθαι τὴν μεταφορὰν τοῦ χρόνου καὶ τὰ συμβαίνοντα ἐν αὐτῷ. — (f. 85v) τοῦ θεοφίλου ὅμοιον περὶ αὐτοῦ. — (f. 86v) 32. περὶ κλήρου βασιλικοῦ. — (f. 87r) 33. περὶ ἐνιαυσιαίου δεσπότου. — (f. 88v) 34. περὶ μηνὸς καὶ τοῦ μερισμοῦ αὐτοῦ . ἐκ τοῦ νεγεφῶ. — (f. 89r) 35. περὶ τῶν σημείων τοῦ ἐνιαυσιαίου χρόνου αὐτοῦ. — (f. 91r) 36. καθολικὰ παραγγέλματα ἀπὸ τῆς κατὰ τὴν θερινὴν τροπὴν ἐποχῆς τῆς σελήνης. — 37. περὶ ὑετῶν ἀπὸ φωνῆς ζώρου τινός. — (f. 91r) 38. περὶ βαθμῶν καὶ ἀνέμων τῆς σελήνης. — 39. περὶ βροχῶν, ἀέρων καὶ ἀστραπῶν. — (f. 92r) 40. περὶ βροχῶν καὶ ἀστραπῶν καὶ ἀνομβρίας. — 41. καθολικὰ παραγγέλματα περὶ καταστημάτων ζώρου τινός. — (f. 92r) 42. περὶ καρπῶν αὐξήσεως καὶ μειώσεως.

Fol. 92v beginnt das dritte Buch: 1. περὶ τῶν ἐν καταστάσειν ἀέρων συμβαινόντων ἀνέμων ἐγλονότι ὑετῶν βροντῶν πρηστέρων αὐχμῶν σεισμῶν καὶ τῶν λοιπῶν τοιούτων. — (f. 94r) 2. περὶ ἐπισημασιῶν τῶν συνόδων καὶ πανσελήνων. — 3. φυσικὴ θεωρία περὶ σεισμῶν. — (f. 95r) 4. περὶ τῆς ἀπὸ τῶν μετεώρων σημείων ἐπισκέψεως. — (f. 96v) 5. περὶ ἀποτελεσμάτων ἐκλείψεων καὶ κομητῶν καὶ τῶν τοιούτων. — (f. 99r) 6. περὶ κομητῶν μέθοδος. — (f. 100v) 7. μέθοδος τίς τὸ εὑρεῖν τοῦ ἡλίου καὶ τῆς σελήνης ἐκλείψεως. — 8. περὶ σημειωσιῶν τῆς τοῦ κυνὸς ἐπιτολῆς καὶ τῶν περὶ αὐτὴν ἀστέρων. — (f. 102r) 9. περὶ τοῦ μέλλοντος συγγενέσθαι γυναικὶ κατὰ πόλι. — 10. ἔρωτος τῶν κατὰ μέρος ἐπισημασιῶν. — (f. 102v) 11. περὶ μοίρας ὡροσκοπούσης ἐν τῇ συλλήψει. — (f. 103v) 12. κανόνα περὶ γενεθλίου θαυμάσια. — (f. 105r) 13. περὶ ἀτρόφων. — (f. 106r) 14. θεμάτων ἀντίφωνων τοῦ νεκατὸς (sic) περὶ γενέσεως. — (f. 106v) 15. ὡ καματηροῦ περὶ γενεθλίου βρέφους καὶ περὶ χρόνου ζωῆς, περὶ εὐτυχίας καὶ δυστυχίας. περὶ κλιμακτήρων καὶ ἑτέρων πολλῶν. — (f. 107v) 16. εἰ βούλει γνῶναι τὸν ὡροσκόπον τοῦ γεννηθέντος ἀπὸ τῆς ἐρωτήσεως. — 17. περὶ μοίρας τῶν ζωδίων ἕως ὁ καθεὶς γίνηται. — (f. 108r) 18. περὶ χρόνου ζωῆς. — (f. 112v) 19. ποίω μηνὶ τις τελευτήσει. — 20. περὶ τύχης ἀξιωμάτων. — (f. 114v) 21. περὶ πράξεως. — 22. περὶ γονέων. — (f. 115r) 23. περὶ προτελευτῆς γονέων. — 24. περὶ τοῦ εἰ συμφέρει λαβεῖν ἄνδρας γυναῖκα ἢ γυναῖκα ἄνδρας. — 25. περὶ ἀνδρογύνων καὶ τέκνων ποίοις αὐτῶν ἐστι στείροι (sic). — 26. περὶ ἀγάπης καὶ μίσους. — (f. 115r) 27. περὶ χωρισμῶν ἀνδρογύνων.

Auf fol. 115v folgt das vierte Buch: 1. περὶ ὁμιλήσεως τῶν ἀστέρων. — (f. 116r) 2. περὶ διαμέτρων. — 3. περὶ τῶν δωδεκαμορίων τῶν ἀστέρων. — 4. περὶ προγνώσεως τοῦ ἐρωτῶντος οἷον περὶ τίνος ἐρωτᾷ. — (f. 117r) 5. εἴ τις σε ὁμιλεῖ περὶ τινος πράγματος. — 6. und 7. περὶ τοῦ εἰπεῖν τί ἐστι τὸ ἐρωτώμενον. — (f. 117v) 8. περὶ τοῦ γνῶναι τὸν συντυγχάνοντά σοι καὶ διὰ ποῖα κεφάλαια θέλει ἐρωτᾶν. — (f. 118r) 9. ἀνακρίσεις ἐκ τῆς τῶν ἀστέρων συγκράσεως περὶ οὗ τις ἐρωτᾶν βούλει. — 10. εἰ ὠφέλιμος ἔσται ὁ ἐρωτῶν σε ἢ οὔ. — 11. περὶ τοῦ γνῶναι τὸν σκοπὸν τοῦ ἐρωτῶντος καὶ περὶ τί θέλει ἐρωτᾶν. — (f. 118v) κατασκευὴ μέλανος ἐγκαυστοῦ. — (f. 119v) 12. ἐὰν θέλοντες (sic) δοῦναι καιδία εἰς μάθησιν τέχνης. — 13. περὶ νοήσεως γραμμάτων. — 14. περὶ τοῦ εἰ ἀποδοθήσεται ἡ γραφή. — 15. περὶ ἐπιστολῆς ἀναδόσεως ἐκ τῶν ζωρράστρου. — (f. 120r) 16. περὶ ἀγγελίας. — (f. 120v) 17. περὶ τῶν κατ' εἶδος ἐκ τῆς τῶν ἀστέρων φύσεως. — 18. περὶ ἐπιστρατείας. — (f. 121r) 19. περὶ δύο δικαζομένων εἰ τις νικήσει ἀπὸ τῶν δύο. — 20. ποίω μέρει βοηθεῖ ὁ δικαστής. — 21. περὶ πολιορκουμένων πόλεων. — (f. 121v) 22. περὶ πόλεως εἰ πολιορκεῖται ἢ οὔ. — 23. περὶ πολέμου καὶ ἐπιστρατείας. — (f. 122r) 24. πρὸς τὸ πολιορκῆσαι πόλιν. — (f. 123r) 25. περὶ

σταθμῶν καὶ μέτρων καὶ τῶν χαρακτήρων αὐτῶν. — (f. 154r) ἀρχὴ τῶν σημείων διογένους (Erklärung von Abkürzungen). — (f. 154v) 95. σύνθεσις τῶν ζωδιακίων. — (155r) 96. περὶ τῶν ιβ´ ζωδίων θέσεως. — (f. 155v) 97. περὶ οὔρων (inc. : νεχερῶ τῷ θεμιστάτῳ βασιλεῖ χαίρειν). — (f. 156v) 98. περὶ οἴνου. — (f. 157r) 99. περὶ ὄξους. — (f. 157v) 100. περὶ γιώνος. — 101. περὶ ὑδάτων. — 102. περὶ ταρχοῦ. — (f. 158r) 103. περὶ στακίου. — 104. περὶ μόσχου. — 105. περὶ καμφορᾶς. — 106. περὶ κίτρων. — (f. 158v) 107. περὶ ἄρτου. — (f. 159r) 108. ἡρακλίους ἐπιστολὴ πρὸς τίνον λόγος ἄριστος καὶ πρὸς τοὺς ποθοῦντας μαθεῖν τὰ τῶν ἵππων σημεῖα. — (f. 159v) 109. περὶ ἔρωτος ἀποτελεσματικὸν ἔργον ἄριστον. — (f. 160r) 110. ποιήματα γεωργίου τοῦ διδασκάλου μυδείας (sic) εἰς τὸ εὑρίσκειν τοὺς ἓξ τόπους τοῦ θεματίου κατ᾽ ἀκρίβειαν (bloße Tafeln). Das letzte Capitel des vierten Buches (περὶ γραμματικῆς τοῦ σοφωτάτου κυρίου Θεοδώρου τοῦ προέδρου nach dem Index) ist nicht mehr vorhanden.

II. Hephaestion und seine Astrologie.

1. Biographische Daten.

Das Werk des Hephaestion führt den Titel περὶ καταρχῶν und ist an seinen Freund Athanasius gerichtet (vgl. Buch I prooem. und II prooem.: ὦ σπουδαιότατε τῶν φίλων Ἀθανάσιε. B. III prooem.: σπουδαιότατε καὶ ὁσιώτατε καὶ φιλομαθέστατε τῶν φίλων Ἀθανάσιε), über dessen Persönlichkeit wir weder aus dem ihm gewidmeten Werke noch sonst irgendwie etwas näheres erfahren. Aber auch die Persönlichkeit des Hephaestion selbst ist ziemlich unbekannt. Dass er aus Theben — wohl dem ägyptischen Theben — stammte, wissen wir durch das übereinstimmende Zeugnis der Handschriften, in denen er in den Überschriften seines Werkes Ἡφαιστίων Θηβαῖος oder Ἡφαιστίων φιλόσοφος Θηβαῖος (Cod. Par. 2841 f. 26ʳ), vereinzelt auch μαθηματικὸς Ἡφαιστίων (Cod. Vind. phil. gr. 108 f. 284ʳ) genannt wird. Er scheint Christ gewesen zu sein, denn sein Werk beginnt (I prooem.): τὸν θεῷ ἡμῖν σκοπὸς ἐνθάδε, ὦ σπουδαιότατε τῶν φίλων Ἀθανάσιε, πρὸς τὸ εὐπαρακολουθητότερον ἐκθέσθαι τουτὶ τὸ ἐγχειρίδιον κτλ., und damit stimmt überein, dass dasselbe einem Christen — wie der Name Ἀθανάσιος beweist und aus der oben angeführten Anrede ὁσιώτατε Ἀθανάσιε, aus der man fast schließen möchte, dass der Mann irgend ein hierarchisches Amt bekleidet habe, hervorgeht — gewidmet ist. Deshalb behauptet nach meiner Ansicht Salmasius mit Unrecht das Gegentheil, wenn er schreibt (de annis climactericis S. 796): „certum quippe est sub imperatoribus Christianis si qui huic arti operam dederunt et aliquid in ea ediderunt publice, gentilis professionis fuisse, non Christianae, ut Valens fuit, Hephaestion, Firmicus et alii plurimi". Wenn die Kirchenväter

und Kirchenlehrer gegen den astrologischen Aberglauben fort und
fort zu predigen hatten, geht daraus nicht hervor, dass zahlreiche
Christen ihrer Zeiten der Astrologie ergeben waren? Und wenn gar
manche Christen bis zu unserem Jahrhundert Astrologie trieben,
astrologische Taschenbücher schrieben oder lasen und an den Inhalt
glaubten, dürfen wir uns dann wundern, dass vor anderthalbtausend
Jahren ein Christ die Astrologie als Wissenschaft behandelte und
die compendiöse Darstellung der astrologischen Lehren einem
Christen widmete? Das Werk des Hephaestion selbst bietet sicherlich
keinen positiven Anhaltspunkt, dass der Verfasser desselben Nicht-
Christ gewesen sei.

Wie oben erwähnt, nennen die Handschriften Hephaestion
gewöhnlich φιλόσοφος, einmal auch μαθηματικός: beide Ausdrücke
sind wohl in diesem Falle identisch mit ἀστρολόγος, eine Bezeichnung,
die indes für Verfasser von astrologischen Schriften sich höchst
selten findet, ja höchst wahrscheinlich wegen der üblen Neben-
bedeutung des Wortes absichtlich vermieden wurde.

Über Hephaestions Lebenszeit hat sich bereits Salmasius ohne
weitere Begründung seiner Ansicht geäußert (a. O. S. 533): „multi
celebriorum mathematicorum sub Constantino vixerunt, ut Valens,
Hephaestion, Firmicus et alii". Diese Zeitbestimmung scheint
mir nicht ganz richtig zu sein, und zwar aus folgenden Gründen.
Die Gewährsmänner, die Hephaestion für seine Astrologie benützt
hat, von denen wir bald ausführlich zu sprechen haben werden,
lebten allerdings alle   soweit wir sie kennen, und die nächst
Ptolemäus wichtigste Hauptquelle, Dorotheus von Sidon, sowie den
hiebei Ausschlag gebenden terminus ante quem seiner Lebenszeit
kennen wir — vor Constantin dem Großen, andererseits aber kommt
in dem Werke des Hephaestion eine spätere Zeitangabe vor, die
wir mit einigem Rechte als ein Datum seiner Lebenszeit ansehen
zu dürfen glauben. Es ist nämlich bekannt, dass die astrologischen
Schriftsteller bei Vorführung eines Beispiels, das Zeitangaben ent-
hält, dieselben der Gegenwart entnahmen. So finden wir denn im
1. Capitel des 2. Buches des Hephaestion περὶ σπορᾶς καὶ ἐκτέξεως
folgende Stelle: ὑποδείγματος δὲ χάριν ἔστω τινὰ κατέχθαι ἐν τῷ ϙδ
ἔτει ἀπὸ τῆς Διοκλητιανοῦ βασιλείας ἀθύρ λ' ὥρᾳ ἕκτῃ
ἐν τῷ τρίτῳ κλίματι, καθ' ἣν ὥραν εὕρομεν τὸν μὲν Ἥλιον

Τοξότου μοίρας τέσσαρας ἔπεπτα, τὴν δὲ Σελήνην Αἰγόκερω λεπτῶν μζ΄, τὸν δὲ ὡροσκόπον Ὑδροχόου (codd. Ὑδροχόῳ) μοίρας κϛ΄. ἐπεὶ οὖν εὑρέθη ἡ Σελήνη ἐν τοῖς ἑπομένοις ζωδίοις τοῦ ὡροσκόπου, ἀριθμεῖν χρὴ ἀπὸ τοῦ ὡροσκόπου ἕως τῆς μοίρας τῆς Σελήνης καὶ εὕραμεν μοίρας ξε΄, λϛ΄, μζ΄, ἃς παραλαβόντες παρὰ τὸ ἡμερήσιον κίνημα τῆς Σελήνης, τουτέστι μοιρῶν ιγ΄, εὑρήκαμεν ἡμέρας ε΄. καὶ τὰ ὑπολειφθέντα λεπτὰ μζ΄ ὁμοίως παραλαβόντες παρὰ τὸ ὅπερ ἐστὶν ὡς οἶμαι λγ΄ ὡριαῖον μέσον δρόμημα τῆς Σελήνης εὕραμεν ὥραν α΄ γ΄ ἔγγιστα· τὰς οὖν ἡμέρας ε΄ καὶ ὥραν α΄ γ΄ προσεθήκαμεν ταῖς ἡμέραις τῆς πρώτης ἀποκυήσεως ρογ΄, ἡ΄ καὶ ἐγένοντο ἡμέραι ροη΄ καὶ ὥραι θ΄ γ΄. ἀνακουφισάντων δὲ ἡμῶν ταύτας εἰς τοὐπίσω ἀπὸ τῆς γενεθλίου ἡμέρας τε καὶ ὥρας ἀθὺρ λ΄ ὥρᾳ ϛ΄ ἔφθασεν εἰς μεχεὶρ κϛ΄ εἰς κζ΄ ὥρᾳ νυκτερινῇ η΄. κουφιζομένου καὶ τοῦ τετάρτου μέρους ἐμβολίμου ἡμερονυκτίου ὥρᾳ ϛ΄ εὑρίσκεται ιϛ΄ ἔτι μεχεὶρ κϛ΄ εἰς κζ΄ ὥρᾳ δευτέρᾳ. In diesem Beispiel wird also das 97. Jahr seit Diokletians Regierung supponiert: 284 + 97 = 381, ein Jahr, welches wir demnach vielleicht als das Entstehungsjahr der Schrift des Hephaestion anzusehen haben. Jedenfalls steht also fest, dass Hephaestion der Zeit nach nicht vor dem Astrologen Firmicus, wie Salmasius gewollt zu haben scheint, sondern vielleicht 50 Jahre nach ihm anzusetzen sei. Ein Citat aus Manethon (I 167—169), das sich bei Hephaestion II 4 mit namentlicher Angabe der Quelle findet, kann für die Zeitbestimmung unseres Autors vorläufig nicht weiter verwertet werden, da bekanntlich gerade das erste Buch des Manethon eine auch nur annähernde Zeitbestimmung seiner eigenen Abfassung nicht zulässt. Wir werden übrigens darüber noch bei Behandlung der Quellen des Hephaestion zu sprechen haben.

2. Hephaestions astrologisches Compendium.

Wir kommen nunmehr auf das Werk des Hephaestion selbst zu sprechen. Der Titel desselben war nach den Handschriften A und a περὶ καταρχῶν, während in P sich kein specieller Titel findet, sondern nur die jeweilige Bücherzahl. Die Handschriften, die die Auszüge aus Hephaestion enthalten, bezeichnen zwar sein Werk mit dem Namen ἀποτελεσματικά (s. oben), indes werden wir wohl

der Handschrift des Originaltextes größeren Glauben schenken
dürfen. Was den Umfang des Werkes betrifft, so besteht dasselbe
aus drei Büchern. Jedem Buche ist ein Prooemium vorausgeschickt,
die Capiteln der einzelnen Bücher sind folgende:

1. Buch.

1. Περὶ τῆς τῶν δωδεκαμορίων ὀνομασίας τε καὶ δυνάμεως.
2. Περὶ δυνάμεως τῶν ἑπτὰ πλανωμένων.
3. Περὶ τῆς τῶν ἀπλανῶν ἀστέρων δυνάμεως.
4. Περὶ τῶν βορειοτέρων τοῦ ζωδιακοῦ.
5. Περὶ τῶν νοτιωτέρων τοῦ ζωδιακοῦ.
6. Περὶ τῶν τριγώνων ὡς Δωρόθεος.
7. Ἐν οἷς χαίρουσι τόποις οἱ ἀστέρες.
8. Περὶ ὑψωμάτων.
9. Περὶ προστασσόντων καὶ ἀκουόντων.
10. Περὶ ἰσοδυναμούντων καὶ βλεπόντων.
11. Περὶ ἀσυνδέτων.
12. Περὶ διαφορᾶς τόπων.
13. Περὶ οἰκοδεσπότου καὶ συνοικοδεσπότου.
14. Περὶ συναφῆς καὶ ἀπορροίας.
15. Περὶ περιοχέσεως.
16. Περὶ ἀκτινοβολίας.
17. Περὶ δορυφορίας.
18. Περὶ τῶν δωδεκαττημορίων τῶν κατὰ τὰς μοίρας.
19. Περὶ ἰδιοπροσωπίας καὶ λαμπηνῶν καὶ θρόνων.
20. Περὶ καθολικῶν ἐπισκέψεων καὶ ἀποτελουμένων.
21. Ἀποτελέσματα τῶν γινομένων ἐκλείψεων καὶ τῶν κομητῶν.
22. Περὶ τῶν ἐν ταῖς ἐκλείψεσι σημείων.
23. Περὶ ἐπισημασιῶν τῆς τοῦ Κυνὸς ἐπιτολῆς καὶ τῶν πρὸς αὐτὴν ἀστέρων.
24. Περὶ τῶν ἐν ταῖς ἐκλείψεσι χρωμάτων καὶ κομητῶν.
25. Περὶ τῆς τῶν μετεώρων σημειώσεως.

II. Buch.

1. Περὶ σπορᾶς καὶ ἐκτέξεως.
2. Περὶ μοίρας ὡροσκοπούσης.
3. Περὶ διαιρέσεως καὶ τάξεως γενεθλιαλογικῆς.

III. Buch.

Wir haben bereits an früherer Stelle erwähnt, dass nur eine Handschrift den Text des Hephaestion vollständig bietet und dass diese nach dem 22. Capitel des 3. Buches περὶ ἀγώνων καὶ θεωριῶν auf f. 165ʳ die Bemerkung des Schreibers mit rother Tinte geschrieben enthält: τέλος σὺν θεῷ τοῦ τρίτου βιβλίου ὀρώθ. Hierauf findet sich bis zum Schluss weder eine Buch- noch Namensbezeichnung. Es entsteht nunmehr zuerst die Frage, wie weit das Eigenthum Hephaestions reicht: haben wir nicht vielleicht nach Capitel 22 herrenlose astrologische Stücke anzunehmen, wie solche sich so zahlreich in den Handschriften finden? Diese Frage glaube ich mit Bestimmtheit verneinen zu können. Es ist nämlich eine Eigenthümlichkeit des Hephaestion, seinem Werke zahlreiche Citate aus dem astrologischen Gedichte des Dorotheus einzuflechten, eine Eigenthümlichkeit, die gerade in jenen Schlusscapiteln der Handschrift am meisten zur Geltung kommt, da beispielsweise im Capitel περὶ ἀποδημίας sich über 80 Verse, im Capitel περὶ κριτηρίων καὶ ἐκκλήτου καὶ νίκης καὶ ἥττης über 20, im Abschnitte περὶ τῶν εἰργομένων gegen 40 Verse des Dorotheus finden. Zudem ist zu bedenken, dass jene zweifelhaften Schlusscapiteln in den oben besprochenen Metaphrasen oder Auszügen aus Hephaestion sich finden, die mit demselben Stücke wie unsere Handschrift (περὶ δρακετῶν) schließen. Bekanntlich enthält die Pariser Handschrift dieses Capitel nicht vollständig, da sie mitten in demselben abbricht, und von einer jungen Hand stammt die Bemerkung: deest folium. Jedenfalls konnte der Rest des Capitels auf diesem Blatte Platz finden und ist somit die Bemerkung richtig, dass nur ein Blatt, welches also den Schluss des Hephaestion enthielt, fehlt. Hiemit ist genügend bewiesen, dass sämmtliche oben aufgeführten Capiteln dem Werke des Hephaestion angehören. Es bleibt nunmehr übrig, die Frage zu erörtern, was es mit jener Bemerkung: τέλος σὺν θεῷ τοῦ τρίτου βιβλίου ὀρώθ für eine Bewandtnis hat. Zunächst käme man zur Vermuthung, dass das dritte Buch des Hephaestion nur aus 22 Capiteln bestand, und der Rest ein viertes Buch der καταρχαί ausmachte. Salmasius, der jedenfalls speciell unsere Handschrift gekannt und benützt hat, scheint so geurtheilt zu haben, indem er die Capitel 23 und 24 als Abschnitte des vierten Buches des Hephaestion citiert (de annis climactericis S. 789 und 821). Ich denke indes über die Sache anders. Denn jedes der drei Bücher

beginnt mit einem Prooemium, in dem Athanasius, der Freund des
Verfassers, dem die Schrift gewidmet ist, apostrophiert wird. Es
ist deshalb nicht wahrscheinlich, dass der Verfasser das vierte Buch,
was zudem das letzte wäre, ohne solche Vorrede gelassen hätte.
Ferner lässt sich aus dem ersten Satze der Vorrede zum dritten
Buche: καὶ πρὸς τοῖς δυσὶ βιβλίοις τοῖς ἐκ συναγωγῆς ἡμῖν τῶν παρὰ
τοῖς ἀρχαίοις εἰρημένων συντόμως γραφεῖσιν ἐπειθεῖσθω τουτὶ τρίτον
χρησιμώτατον ὑπάρχον περὶ καταρχῶν παντοίων, σπουδαιότατα καὶ
ὁσιώτατα καὶ φιλομαθέστατα τῶν φίλων Ἀθανάσιε, wie ich meine,
deutlich erkennen, dass Hephaestion nur eben dieses eine dritte
Buch den beiden vorausgehenden anreihen wollte. Man wende nicht
etwa ein, die Vierzahl der Bücher sei wegen der analogen Anlage
der Τετράβιβλος des Ptolemäus, des Vorbildes des Hephaestion,
wahrscheinlicher: Hephaestion hat eben, wie auch aus den eben
citierten Worten aus der Einleitung zum dritten Buche zu er-
sehen ist, den Inhalt der vier Bücher der Τετράβιβλος in seinen
beiden ersten behandelt, und so steht also das dritte inhaltlich in
gar keiner Relation zu dem Werke des Ptolemäus. Somit steht für
uns fest, dass die Astrologie des Hephaestion nur drei Bücher um-
fasste und dass jene Schreiberbemerkung, nach der das 3. Buch
des Hephaestion mit dem 22. Capitel schließen sollte, auf einem
Irrthum beruht. Wie dieser Irrthum entstand, lässt sich auf ver-
schiedene Weise denken; dass aber jedenfalls der Schreiber dieser
Handschrift (oder möglicherweise schon der seiner Vorlage) nicht
sehr aufmerksam war, zeigt die Verwechslung des Namens des
Hephaestion mit dem des Dorotheus (denn δοχώθ ist offenbar als
δωρόθεος [δωροθέου] zu lesen), den er so häufig im Texte des
Hephaestion vorfand und wohl nur deshalb irrthümlich seiner irr-
thümlichen Notiz beifügte.

3. Die Quellen des Hephaestion.

α) Ptolemacus.

Die Hauptquelle für Hephaestion in den zwei ersten Büchern
ist die Tetrabiblos des Ptolemäus, die Bibel aller Astrologen. Nie
wird eine der Angaben des Ptolemäus bezweifelt und er selbst
φιλαλήθης und θεῖος genannt (s. Heph. I prooem., 3, 20, II 2 u. ö.).

Die Art, wie Hephaestion den Ptolemäus benützte, muss eine un-
selbständige genannt werden. So ist gleich die Einleitung zum ersten
Buche des Hephaestion eine Wiederholung der Gedanken der Ein-
leitung zur Tetrabiblos, die vielfach in eine wörtliche Wiedergabe
ausartet. Das 2. Capitel περὶ δυνάμεως τῶν ἑπτὰ πλανωμένων ist ein
magerer Auszug aus folgenden Capiteln des 1. Buches des Ptolemäus:
περὶ τῆς τῶν πλανήτων δυνάμεως, περὶ ἀρσενικῶν καὶ θηλυκῶν ἀστέρων,
περὶ ἡμερινῶν καὶ νυκτερινῶν. Die Capitel 3—5 sind fast wörtlich
übereinstimmend mit Ptolemäus' Abschnitt περὶ τῆς τῶν ἀπλανῶν
δυνάμεως, ebenso die Capiteln 9—11 mit den gleichnamigen Ab-
schnitten bei Ptolemäus. Capitel 14, 19 sind Auszüge aus denselben
Capiteln der Tetrabiblos, Capitel 21 ist eine ziemlich vollständige
Wiedergabe folgender Capitel des 2. Buches des Ptolemäus: περὶ
τῆς τῶν διατεθειμένων χωρῶν ἐπισκέψεως, περὶ τοῦ χρόνου τῶν ἀπο-
τελουμένων, περὶ τοῦ γένους τῶν διατεθειμένων, περὶ τῆς ποιότητος τοῦ
ἀποτελέσματος. Capitel 24 enthält zuerst den Abschnitt der Tetra-
biblos περὶ χρωμάτων τῶν ἐκλείψεων καὶ κομητῶν καὶ τῶν τοιούτων,
die zwei letzten Drittel des Capitels, in denen eine Reihe von
Kometen namentlich angeführt und deren Einwirkung angegeben
wird, ist nach einer von mir bis jetzt nicht nachweisbaren Quelle
gearbeitet. Das letzte Capitel endlich stimmt mit dem Schlusscapitel
des 2. Buches des Ptolemäus ziemlich wörtlich überein. Nicht viel
selbständiger ist Hephaestion im zweiten Buche verfahren, das
inhaltlich das 3. und 4. Buch des Ptolemäus umfasst und wo die
25 ersten Capiteln fast in derselben Reihenfolge stehen, wie die
Abschnitte des 3. und 4. Buches des Ptolemäus, und dieser oft
genug wörtlich ausgeschrieben ist. Im dritten Buche konnte
Hephaestion, wie erwähnt, die Tetrabiblos nicht mehr benützen, da
er den Stoff, den Ptolemäus behandelt, bereits in seinen beiden
ersten Büchern erschöpfte.

β) Dorotheus aus Sidon.

Nächst Ptolemäus ist es ein Dichter, Dorotheus aus Sidon,
dessen versificierte Astrologie dem Hephaestion durch sein ganzes
Werk, insbesondere aber für sein drittes Buch als Quelle diente.
Die wörtlichen Citate aus Dorotheus vertheilen sich auf die einzelnen
Capitel der einzelnen Bücher des Hephaestion, wie folgt:

Buch I.

Cap. 1 : 62 Hexameter des Dorotheus
„ 6 : 13 „
„ 7 : 4 „
„ 8 : 7 „

} 86.

Buch II.

Cap. 4 : 2 Hexameter
„ 5 : 1 „
„ 6 : 1 „

} 4.

Buch III.

Cap. 1 : 5 Hexameter
„ 2 : 2 „
„ 7 : 7 „
„ 9 : 29 „
„ 11 : 5 „
„ 16 : 16 „
„ 20 : 15 „
„ 21 : 3 „
„ 28 : 4 „
„ 30 : 85 „
„ 34 : 22 „
„ 36 : 40 „

} 233.

Sehen wir von dem umfangreichen ersten Capitel des ersten Buches, in dem Dorotheus ausgiebig citiert wird, ab, so ist, wie man aus unserer Zusammenstellung ersieht, es gerade das dritte Buch, in dem Hephaestion Dorotheus verwertet, jenes Buch also, wo Ptolemäus ihm nicht mehr Führer und Quelle sein konnte.

Wer war nun jener Dorotheus und wann lebte er? Dass jener Mann zu den angesehensten und bedeutendsten astrologischen Schriftstellern des Alterthums gehörte, beweist das Lob, das Firmicus Maternus, der Verfasser der 8 Bücher Matheseos, der um die Mitte des 4. christlichen Jahrhundertes blühte, ihm spendet II 32: „vir prudentissimus, qui apotelesmata verissimis et disertissimis versibus scripsit". Freilich steht in Pruckners Ausgabe des Firmicus vom Jahre 1553 der Name Dorochius Sydonius zu lesen, doch dass dieser in Dorotheus zu verbessern sei, ist längst erkannt worden.

Großes Ansehen hat ferner Dorotheus bei den arabischen astrologischen Schriftstellern genossen, worauf schon Scaliger hingewiesen hat (in den Noten zum Manilius S. 9): „apotelesmata unus (?) veterum, quod sciam, versibus scripsit Dorotheus Sidonius, quem legerunt Arabes, Omar, Messaala, auctor Alcabitii, ita ut post quadringentos abbinc annos (d. h. im 11./12. Jahrhundert) periisse videatur". Wir haben keinen Grund, der Ansicht Scaligers, dass das astrologische Gedicht des Dorotheus im 11. Jahrhunderte noch vorhanden war, zu widersprechen. Über die Art der Benutzung des Dorotheus seitens der Araber mag eingesehen werden: Albohazen Haly filii Abenragel scriptoris Arabici de iudiciis astrorum libri VIII, doctorum aliquot virorum opera in latinum sermonem conversi . . . . per Antonium Stupam Rhaetum. Accessit huic operi hac demum editione compendium duodecim domorum coelestium ex clarissimis et vetustissimis authoribus scilicet Messahalla, Aomare, Alkindo, Zaele, Albenait, D o r o t h e o, Jergi, Aristotele et Ptolemaeo collectum . . authore Petro Liechtenstein. Basel 1551. Albohazen Haly citiert Dorotheus an verschiedenen Stellen S. 16a—18a, 148b, 189b, 298b u. ö. S. 51b wird bemerkt, dass Dorotheus mit Ptolemäus, ja mit sich selbst nicht übereinstimme (S. 52a: licet Dorothius fuerit magnus sapiens et nobilis, erravit tamen in hac causa [sc. de statu infirmi]). In dem aus 9 astrologischen Schriftstellern zusammengestellten Compendium, das auf die 8 Bücher des Albohazen Haly S. 411 unter dem Titel: iudicum in iudiciis astrorum novem liber folgt, gehören folgende Capitel dem Dorotheus an: S. 419b de vita transacta et reliqua eius portione. — S. 423b de acquirenda pecunia. — S. 425a unde habeat (sc. pecuniam). — S. 425b de eodem (sc. de quantitate et numero acquirendae pecuniae). — S. 429a de eodem (de statu fratrum). — S. 429b utrum sit absens necne. — S. 431a de acquirendis domibus vel patrimoniis. — S. 433a de agrorum statu. — S. 433b de villicis et huiusmodi ministris. — S. 440a de habendis filiis. — S. 440b utrum gravida sit mulier. — S. 445b de rumorum veritate. — S. 447b utrum quis ad destinatum locum perveniat. — S. 448b utrum epistola ad regem perveniat. — S. 452b de aegrotantibus. — S. 457a utrum per illum medicum sanetur.— S. 458a de criticis diebus. — S. 458b utrum quis infirmetur.— S. 461a de incarceratis. — ib. utrum captivo paretur egressus. — S. 464b utrum vendatur

servus. — S. 465b utrum sit melius captivo vendi vel retineri. —
S. 468b de coniugio. — S. 470a de causa impedimenti. — ib. utrum
eam duxerit quam sperabat uxorem. — S. 473b de futuro statu
coniugii. — S. 474b de uxore amissa. — S. 476b de causa vel
controversia. — S. 478a quis cedat in causa. — S. 482b de nego-
tiatione. — S. 488a de luminum significatione per singulos menses
circa rerum venalium statum. — S. 491b de re amissa vel fugitiva.
— S. 493b de eodem ubi teneatur (sc. fugitivus). — S. 499b utrum
possit recuperari (sc. furtum). — S. 516a de eodem (sc. de itinere
a quolibet constituto). — S. 519b de ineundo bello. — S. 526b de
quolibet utrum regem offendat. — ib. idem de egressis a rege. —
S. 528b de castris expugnandis. — S. 531b de quolibet utrum
vivus sit an mortuus. — S. 532a quae sit causa mortis. — S. 533a
de securitate vel sollicitudine. — S. 535b de itinere utrum fiat an
non. — S. 544a de incarceratis eorumque liberatione. — S. 546a
de absentis reditu. — S. 547b de somniis. — S. 548a de natura
somniorum. — S. 554b de regnis et dignitatibus utrum valeant
adipisci. — S. 560a si datam exuat dignitatem et si forte redire
contingat. — ib. idem quamdiu sit regnaturus. — S. 560b de rege
qui locum sive regnum suum dimisit seu rege absente utrum
redeat. — S. 565b utrum utile sit adhaerere regi. — S. 571b de
spe promissi muneris. — S. 572a de amicis fratribus et propinquis
utrum conveniant. — S. 572b de concordia duorum. — S. 575a de
hostibus. — S. 581a de imbribus. — S. 582a de imbrium cognitione
per singulos menses. — ib. de quotidianis imbribus.

Ferner möge man die in Pruckners Firmicus-Ausgabe enthaltenen
lateinischen Übersetzungen einiger arabischer astrologischer Schrift-
steller einsehen, wo man Dorotheus öfter citiert findet. So wird bei-
spielsweise von Zahel de electionibus S. 109 ein fünftes Buch des
Dorotheus citiert: „sicut est (scil. de danda ingenuitate) in libro
quinto Dorothei". Ferner heißt es im Abschnitte de inceptione alicuius
operis S. 104: „sicut dixit Dorotheus et ceteri sapientes in initio
operum" und S. 112 im Capitel electio pro ingressu itinerantis regiones
vel civitatem sowie S. 119 ff. de nativitatibus secundum Omar ist
Dorotheus einer der hervorragendsten Gewährsmänner.

Erwähnt wird ferner Dorotheus in den Briefen eines Anonymus
bei Cramer, Anecdota graeca bibl. Oxon. III 167 (ἐπιστολαὶ ἀνεπι-

γράφον τινός, Brief 6): ἀλλ' ἀπό γε τῆς θαυμασίας ἐπιστολῆς ἑωός μοι ἐπέστης καὶ μαρμαρύσσεις ἀπρόσιτα καὶ ἀπαστράπτεις ὡς ἑαρινὸς ἥλιος, οἶον κατειληφὼς αὐτὸ τοῦ οὐρανοῦ τὸ μετέωτατον, τὸ τοῦ παντὸς ἔρεισμα, εἴπερ ἂν ὁ Σιδωνόθεν Δωρόθεος. Hier liegt also ein Citat aus Dorotheus — τοῦ παντὸς ἔρεισμα — vor. Da dieser Brief von einem byzantinischen Grammatiker stammt, der wahrscheinlich unter der Regierung des Kaisers Alexius Comnenus (1081—1118) gelebt hat (vgl. Cramers Einleitung zum 3. Bande der Anecd. Oxon. S. II), so findet auch hiedurch unsere obige Behauptung, dass zu Anfang des 12. Jahrhunderts das Gedicht des Dorotheus noch vorhanden gewesen muss (u. zw. nicht bloß etwa mehr in Prosaauszügen), ihre Bestätigung. Auch in einem zweiten Brief geschieht des Dorotheus Erwähnung (Cramer, anecd. Oxon. III 185, Brief 19 Z. 9): πολλοῦ δέω πιστεῦσαι Μανέθωνί τε καὶ Δωροθέῳ καὶ Κολοκύνθῳ καὶ τῷ πάντων μάλιστα τὰ τοιαῦτα ἠκριβωκότι Κλαυδίῳ τῷ Πτολεμαίῳ ταῖς ἐκείνων γενεθλιαλογουμέναις βίβλοις τὰ ἡμέτερα ταλαντεύουσιν und Z. 18: οἷον αὐτίκα καὶ τῷ (lies τὰ) περὶ γάμου αἰρωτήματα (lies ἐρωτήματα) διαιρῶ παραιτούμενος τά τε τοῦ Μανέθωνος καὶ Δωροθέου τοῦ Σιδωνίου. Auch Tzetzes hat den Dorotheus noch gelesen (Exeg. Iliad. S. 54, 1 Herm.): ἔτι δὲ οἱ μαθηματικοὶ Ἄμμων καὶ Τίμαιος, Πτολεμαῖος, Παῦλος, Ἑκτόριος, Ἀννούβιων, Κολόκυνθος, Πρωταγόρας, Νικήρατος, Δωρόθεος καὶ λοιποὶ κτλ. In den sonstigen handschriftlich erhaltenen astrologischen Compendien und Tractaten findet sich der Name des Dorotheus nur selten, man kann sagen, vereinzelt. Indes ist dies das Schicksal aller astrologischen Dichter, wie des Maximus, Manetho und Anubion, die von den byzantinischen Astrologen und Grammatikern weit weniger benützt worden zu sein scheinen, als die Prosa-Schriftsteller desselben Faches. Ich vermag deshalb nur eine astrologische Sammlung anzuführen, in der Dorotheus in ausgiebigerer Weise benützt ist. Es ist dies die Sammlung im Codex Vindobonensis phil. graec. CVIII (Lambec. Philos. CXLI), die bereits oben von uns erwähnt wurde. Die Stellen, die Prosaexcerpte aus Dorotheus enthalten, sind folgende:

Fol. 213ᵛ μετὰ τὸ παραθῆναι (l. παραθεῖναι) τὰ τοῦ Πτολεμαίου περὶ τούτου τὰ ῥηθέντα εὔλογον δέ φησι καὶ τὰ παρὰ τοῖς ἄλλοις καὶ μάλιστα Δωροθέῳ ἐκθεῖναι ... Schluss: φέρε δὲ οὖν καὶ ἐνταῦθα προσθῶμεν τὸν τρόπον καθ' ὃν ἄλλοι σκέπτονται τὰς γενέσεις οἱ περὶ Πετόσιριν καὶ Νεχεψὼ καὶ ἐξ αὐτῶν Ἀντίγων ὁ Νικαεύς. — f. 241ᵛ καθάπερ

Κριτόδημος καὶ Οὐάλης καὶ Δωρόθεος καὶ Τιμόχαρις καὶ οἱ περὶ αὐτούς.
— f. 246ʳ κεφάλαιον περὶ γονέων (darin ὁ δὲ Δωρόθεος συμβουλεύει
τὸν τριγωνοκρατορίαν κτλ. und ὁ Δωρόθεος δὲ καὶ τοῦτό φησιν, ὅτι ὁ
Ἄρης τυγχάνων μετὰ τοῦ Κρόνου κτλ.) — f. 278ᵛ findet sich das
Capitel Δωροθέου Σιδωνίου Περιδανίου (l. περὶ δανείου) inc.: ἐὰν
δανείσασθαι θέλῃ, ἔστω ὁ μὲν ὡροσκόπος ὁ δανειστής, τὸ δὲ δύνον ὁ
δανειζόμενος ... des.: ἐπιεικὸς καὶ τὸ δάνεισμα ἔσται. — f. 341ʳ καὶ
ὁ Δωρόθεος ἐνταῦθά φησιν, dasselbe f. 344ʳ ἐνταῦθα λέγει καὶ ὁ
Δωρόθεος ἐν τοῖς περὶ χρόνων ζωῆς.

Wieweit in der dritten astrologischen Sammlung des Cod.
Marcianus 334 sowie im Cod. Marcianus 335, in welch beiden
Handschriften unter anderem nach dem Cataloge sich auch Excerpte
aus Dorotheus befinden, Dorotheus benützt ist, vermag ich nicht
zu sagen. Auch über die ὀνόματα ἐπίθετα τῶν ἑπτὰ ἀστέρων des
Dorotheus Sidonius, die im Cod. Marcianus 313 dem Almagest des
Ptolemaeus vorangehen, kann ich nichts näheres angeben.

Stellen wir also zusammen, was wir bisher über die Person
und die Schriften des Dorotheus ausfindig machen konnten, so ist
es folgendes. Da Dorotheus von Firmicus citiert wird, kann er
spätestens zu Ende des dritten oder Anfang des vierten Jahrhunderts
gelebt haben. Dass er aus Sidon stammte, wird durch seinen fast
constanten Beinamen Σιδώνος hinlänglich bewiesen. Er schrieb ein
seinerzeit vielgerühmtes astrologisches Gedicht in Hexametern, das
zum mindesten aus fünf Büchern bestand, da, wie oben bemerkt,
von dem arabischen Schriftsteller Zahel ein fünftes Buch erwähnt
wird. Das vierte Buch citiert Firmicus II 32: „Dorotheus vero
Sidonius, vir prudentissimus . . . antisciorum rationem manifestis
sententiis explicavit in libro scilicet quarto“. Welch großes Ansehen
Dorotheus als Fachschriftsteller genossen hat, beweist am besten
der Umstand, dass er sowohl von Hephaestion als von den Arabern
nächst Ptolemäus am reichlichsten von allen griechischen astrolo-
gischen Autoren benützt wurde.

γ) Hipparchus und Odapsos.

Über die sonstigen Quellen des Hephaestion können wir uns
kurz fassen. Nur im ersten Capitel des ersten Buches benützt
erscheinen Hipparchus und Odapsos. Von Hipparchus heißt es:

ὡς Ἵππαρχος καὶ οἱ παλαιοὶ τῶν Αἰγυπτίων κατὰ μέρος διώρισαν und ebenso von Odapsos: μερικῶς δὲ ὡς Ὠδαφός λέγει (zweimal). Es handelt sich nämlich in diesem Capitel um die sogenannte astrologische Geographie: zu welchen Ländern der Erde die einzelnen Sternbilder des Zodiakus in eugerer Beziehung stehen. Während nun dabei Ptolemäus und Dorotheus das jeweilige Sternbild als Einheit betrachten, wiesen Hipparchus und Odapsos auch sogar den einzelnen Theilen des Sternbildes (dies bedeutet das obige κατὰ μέρος oder μερικῶς) einen Einfluss auf bestimmte Länder zu. Hephaestion gibt nicht stets die Ansicht beider Astrologen an, sondern für das Zeichen des Widders die des Hipparch, für die Zeichen des Krebses und der Wage die des Odapsos, während für das Zeichen des Schützen die Ansichten beider Gewährsmänner nebeneinander angeführt werden. Das Letztere muss man auch annehmen für das Zeichen der Fische, wo die betreffende Stelle in den Handschriften so überliefert ist: κατὰ μέρος δὲ κατὰ μὲν τὸ νότιον Μεσοποταμία καὶ κατὰ τὸν νῶτον τῆς Ἀνδρομέδας, κατὰ δὲ βόρειον κατὰ μὲν τὸν Ὠδαφὸν τὰ ἐμπρόσθια Εὐφρατσία καὶ Τίγρις καὶ τὰ μέσα Συρία καὶ Ἐρυθρὰ θάλασσα, Ἰνδική, μέση, Περσίς · καὶ ὑπὸ τὸν νῶτον Ἀραβική, θάλασσα καὶ Βορυσθένης · κατὰ δὲ τὸν σύνδεσμον τοῦ βορείου Θράκη, τοῦ νοτίου Ἀσία καὶ Σαρδώ. Es ist nun offenbar, dass nach den Worten κατὰ δὲ βόρειον eine Lücke zu statuieren ist, in der zum mindesten der Name eines Landes stand. Interessant ist, dass in dem von Ludwich mitgetheilten summarischen Auszug aus diesem Capitel des Hephaestion (vgl. oben S. 15 und Ludwichs Ausgabe des Maximus S. 118, 22 ff.), in welchem Auszuge aber außer Hephaestion noch Valens und Paulus benützt sind, dieselbe Corruptel sich findet. Dass jene an erster Stelle stehenden Angaben κατὰ μέρος bis zur Lücke auf Hipparch zurückzuführen sind, ist nach dem Gesagten wohl einleuchtend. Denn Valens (Οὐάλης), der auch Angaben κατὰ μέρος machte (s. bei Ludwich S. 113, 9 und 24; 114, 16; 115, 4 und 19), ist von Hephaestion augenscheinlich nicht benützt worden Bei den Angaben κατὰ μέρος des Hephaestion für die bisher nicht erwähnten Thierzeichen findet sich die Quelle nicht namentlich angeführt. Nähere Daten über Hipparchus und Odapsos vermag ich nicht anzugeben. Ob der von Firmicus citierte (II S. 15) Hipparch: „Fronto Hipparchi antiscia secutus" identisch ist, ist nicht sicher festzustellen, aber wohl möglich.

δ) Protagoras aus Nicaea und Annubion.

Im Capitel des 3. Buches des Hephaestion περὶ ἀποδημίας beginnt ein Abschnitt: ἐπετήρησαν δὲ οἱ μερικῶς τὰ κατὰ τὸν πλοῦν ἢ τὴν ὁδόν καὶ ἀντγνωσαν οὕτως und schließt: ταῦτα μὲν ὁ Νικαεὺς Πρωταγόρας und im Capitel περὶ δραπετῶν heißt es: ἐκκαίεθω δὲ καὶ τὰ παρὰ τῶν ἄλλων εἰρημένα καὶ ἐκ τῶν συνταγωγῶν τοῦ Νικαίως Πρωταγόρου. Erwähnt findet man einen Astrologen Protagoras auch in der bereits oben (S. 33) citierten Stelle des Tzetzes.

Von demselben Tzetzes wird an derselben Stelle als Astrolog citiert Annubion, von dessen Werk sechs Distichen uns durch Hephaestion überliefert werden in dem Abschnitte des 2. Buches περὶ μοίρας ὡροσκοπούσης, die mit den Worten ὁ δὲ Ἀννούβίων ἐν τοῖς ἐλεγείοις τάδε φησίν angeführt werden. Annubion muss mindestens vor Firmicus gelebt haben, da er von diesem citiert wird. Einen poeta vetustissimus neunt ihn Salmasius de annis climact. S. 87, 602 u. ö. In den kurz vorher erwähnten zwei Handschriften der St. Marcusbibliothek in Venedig (codd. 334 und 335) finden sich nach dem Cataloge astrologische Sammlungen, in deren ersterer nebst Dorotheus, Orpheus, Valens, Ptolemaeus, Hephaestion und Manetho auch Annubion citiert wird, während in der zweiten Handschrift sich außer Excerpten aus Annubion noch solche aus Valens, Zoroaster, Dorotheus, Theophilus, Deucalion (? wohl der Name dessen, dem das Werk des Theophilus gewidmet ist, s. oben S. 6), Paulus, Heliodorus und Syrus sich finden.

ε) Antiochus aus Athen.

Als weiteren Gewährsmann citiert Hephaestion im 1. Capitel des 2. Buches περὶ σπορᾶς καὶ ἐκτέξεως einen Antiochus aus Athen: Ἀντίοχος δὲ ὁ Ἀθηναῖος λέγει καὶ ταύτην ἔχεσθαι τὴν μέθοδον ἀληθείας τινός · θέασαι, φησί, πόσῃ τῆς Σελήνης ἐγεννήθη τις καὶ τούτῳ τῷ ἀριθμῷ πρόσθες ἑκατὸν ὀγδοήκοντα καὶ ἀνθυφαίρει ἀεὶ ἀπὸ τοῦ γενεθλίου μηνὸς ἀνὰ κθ'. εἰς ἢν δ' ἂν ἡμέραν λήξῃ ὁ ἀριθμός, σκόπει αὐτήν, ποῦ ἢν τότε ἡ Σελήνη · τὸ γὰρ ζῴδιον, ἐφ' οὗ πορεύεται, νοεῖσθω ταὐτὸν ὂν καὶ ἐπὶ τῆς συλλήψεως ἔχον τὴν τῆς Σελήνης πάροδον. καὶ αὕτη ἡ μέθοδος ἐπὶ πάντων οὐ συμφωνεῖ · ἐξελήψεθα δὲ αὐτὴν γυμνασίας χάριν καὶ ὑπὲρ τοῦ ἐκ πολλῶν τὸ αὐτὸ σύμφωνον εὑρεῖν. ὁ μέντοι Ἀντίγονος φαίνεται μὴ ἐσκεμμένος τὴν περὶ τούτων ἀκρίβειαν, διόπερ πάντη, ἀποδοκιμάζει. Es ist offenbar, dass an beiden Stellen der gleiche Name gesetzt werden muss, und es ist nur die Frage, ob Ἀντίοχος oder Ἀντίγονος der richtige Name sei. Da wir nun einen astrologischen Schriftsteller Namens Antiochus kennen (die Codd. Laurent. plut. 28, 7 und 34 enthalten einen Auszug ἐκ τῶν Ἀντιόχου θησαυρῶν, der Cod. Vindobonensis phil. gr. 179 einen solchen ἐκ τῶν Ἀντιόχου ἀστρονομικῶν; vgl. ferner Cod. Vindob. phil. gr. 108 f. 342ᵛ: Ἀντίοχός τε καὶ ὁ Ἀπολινάριος σχεδὸν τὰ αὐτὰ λέγουσιν), doch keinen Antigonus (dagegen Ἀντίγων ὁ Νικαεύς im Cod. Vind. phil. gr. 108 f. 213ᵛ und 301ᵛ), und da es ferner wahrscheinlicher ist, dass der Name an erster Stelle, wo noch der weitere Zusatz ὁ Ἀθηναῖος hinzukommt, richtig ist, werden wir wohl auch statt des überlieferten Ἀντίγονος Ἀντίοχος zu schreiben haben.

ζ) Petosiris.

Zweimal wird von Hephaestion der Name Petosiris genannt, in dem Abschnitte des 3. Buches περὶ συνελεύσεως und in dem Capitel des 2. Buches περὶ σπορᾶς καὶ ἐκτέξεως, doch in einer Weise, dass man erkennt, Hephaestion habe nicht direct aus den Schriften des Petosiris geschöpft. An der zuerst genannten Stelle heißt es nämlich: λέγουσιν οἱ περὶ Πετόσιριν und an der zweiten: οἱ παλαιοὶ Αἰγύπτιοι οἱ περὶ Πετόσιριν διαβεβαιοῦνται λέγοντες, an anderen Stellen schreibt Hephaestion einfach (I 23) οἱ παλαιγενεῖς σοφοὶ Αἰγύπτιοι, (I 21) οἱ παλαιοὶ Αἰγύπτιοι u. ä. Hephaestion scheint also den Ausdruck οἱ περὶ Πετόσιριν für ägyptische Astrologen im allgemeinen gebraucht zu haben. In ähnlicher Weise wird im allgemeinen Sinne der Name des Petosiris gebraucht von Juvenal VI 580 nulla aptior hora cibo nisi quam dederit Petosiris.

ϑ) Manethon.

Wir haben zum Schlusse noch von einem Gewährsmann des Hephaestion zu sprechen, von Manethon. Es heißt nämlich bei Hephaestion II 4 (περὶ γονέων): ταῦτα μὲν εὑρίσκομεν συμφωνοῦντα, ἃ καὶ ἐκτίθεται φυσικῶς καὶ θαυμαστῶς σκεπτόμενος ὁ Πτολεμαῖος. ὁ δὲ Δωρόθεος ἐν τοῖς ἔπεσι συμβουλεύει τοὺς τριγωνοκράτορας τῶν φώτων σκοπεῖν καὶ αὐτὰ τὰ φῶτα ἐν ποίοις τόποις τυγχάνουσι καὶ ὁρίοις καὶ τίνες τῶν ἀστέρων σύνεισιν ἢ ὁρῶσι. καὶ πρὸς τούτοις ἀποφαίνεσθαι χρὴ περὶ ἑκατέρου τῶν γονέων, Ἡλίου μὲν δηλονότι σημαίνοντος τὰ περὶ τὸν πατέρα, Σελήνης δὲ τὰ περὶ τὴν μητέρα. ἐὰν μὲν οὖν συνῇ

ἀγαθοποιοῖς τόποις τε καὶ ἑσπερίαν ὁ Ἥλιος, ὑπονοητείον εὐτυχῆ, καὶ
πλούσια τὰ περὶ τὸν πατέρα καὶ αὐτῷ τῷ τέκνῳ τὰ πατρῷα φυλαχθήσεσθαι.
ὁμοίως καὶ ἡ Σελήνη τυγχοῦσα τὰ αὐτὰ ποιεῖ. τὸ δὲ ἐναντίον συμβήσεται
ἐναντίως εὑρεθέντων τούτέσι κακωθέντων τῶν φώτων. εἰωθε γὰρ πρὸς
ταῖς δυσπραγίαις καὶ τίνη ἐν τοῖς σώμασι τῶν γονέων ποιῆσαι · ἐν δὲ
ταῖς ἐσχάταις μοίραις τυχόντα τῶν ζῳδίων τὰ φῶτα μάλιστα τῶν
κακοποιῶν ὁρώντων ἄδοξα τὰ περὶ τοὺς γονεῖς σημαίνει. καὶ ἐν τοῖς
ἐκλειπτικοῖς δὲ τυγχάνοντα ἡ Σελήνη, κἂν ἐν ἀγαθοποιοῖς ὁρίοις ᾖ,
τὸ μὲν γένος ἐλεύθερον πανηγρὸν δὲ καὶ ὑποτεταγμένον καὶ δούλεια
ἔργα ποιεῖν σημαίνει.

ἐν δ' ἀρ' ὑπογθονίῳ κέντρῳ κερόεσσα Σελήνη

ἐνταῦθα ὡς ἐπὶ τοῦ Ἡλίου σκέπτου τὴν μητέρα. ἔστι δέ, φησί, καὶ
τρόπος ἄλλος · τὰς ὥρας τῆς γενέσεως λαβὼν ἔκβαλε ἀπὸ τοῦ ζῳδίου,
ἐν ᾧ ἐστιν ὁ Ἥλιος, ἑκάστῳ ζῳδίῳ ἐφεξῆς μίαν ὥραν διδοὺς καὶ εἰς
ὃ ἂν λήξῃ ζῴδιον ὁ ἀριθμός, ἐκείνου τὰ κέντρα σκόπει καὶ τὰς ἄλλας
σχέσεις καὶ λέγε τὰ κατὰ τὴν μητέρα. καὶ πάλιν ταῦτα λέγει ·

Ἥλιος δύνων τοκέων χωρισμὸν ἔτευξε.

καὶ Μανέθων οὕτως ·

Ἄρης ἡμερινοῖσι μεσουρανέων τάδε ῥέξει.
πρῶτον μὲν γονέων βίον ὤλεσε καὶ λέχος αὐτῶν
χωρίζει θανάτῳ κακῷ ἠὲ διχοστασίησιν.

Die beiden ersten Verse sind offenbar dem Gedichte des Doro-
theus entnommen und die ganze Stelle ist nur eine Paraphrase des
Textes des Dorotheus. Die zum Schluss citierten Verse des Manetho
stammen aus dem ersten Buch seiner bekanntlich uns erhaltenen
ἀποτελεσματικά (V. 167—169) und können dazu dienen, in dem
Streite eine entscheidende Rolle zu spielen, der sich über die Echt-
heit und Composition dieses unter Manethos Namen überlieferten
astrologischen Gedichtes entsponnen hat.

Die sechs Bücher der ἀποτελεσματικά sind nämlich unter
Manethons Namen handschriftlich durch den einzigen Codex Lauren-
tianus plut. 28 nr. 27 saec. XI*) überliefert und zuerst von Jacob
Gronov zu Leyden 1698 ediert worden. Schon Holstein hatte aus
dem Stile und aus der Behandlung des Hexameters in diesem
Gedichte den Schluss gezogen, dass der Verfasser des astrologischen

---

*) Der sogenannte Codex des Lucas Holstenius ist nur eine Abschrift
dieser Handschrift (s. Fabric. bibl. gr. IV 135).

Gedichtes nicht identisch mit dem Verfasser der Αἰγυπτιακά sein könne, sondern viel später gelebt haben müsse. Thomas Tyrwhitt (in seiner praefatio zu des Pseudo-Orpheus Αἴθιχά S. XII—XIV) suchte nachzuweisen, dass der Verfasser der ἀποτελεσματικά ein unbekannter Dichter, der sich fälschlich den Namen des bekannten Ägypters Manetho beilegte und zur Zeit des Unterganges des römischen Kaiserreiches lebte, gewesen sei, und dass auch von diesem nur die Bücher 2, 3, 4 und 6 stammen. Die Bücher 1 und 5 dagegen seien von einem anderen späteren und bedeutend schlechteren Dichterling verfasst, und gerade das erste Buch sei großentheils eine Compilation aus dem vierten Buche. Diese Ansicht Tyrwhitts hat theilweise modificiert theilweise weiter ausgeführt A. Köchly in der Einleitung seiner in dem bei Didot in Paris erschienenen Corpus der Poetae bucolici et didactici enthaltenen Ausgabe der Manethoniana. Die Meinung Köchlys lässt sich kurz folgendermaßen charakterisieren: Die sechs Bücher ἀποτελεσματικά, die unter des Manethon Namen überliefert sind, sind aus vier von einander verschiedenen Bestandtheilen zusammengesetzt, deren erster und weitaus größter aus den Büchern II, III und VI besteht und ein in sich abgeschlossenes, mit Ausnahme einiger ganz unbedeutender, unwesentlicher Lücken vollständiges Gedicht bildet. Der Verfasser scheint weder vor den Antoninen noch nach Alexander Severus gelebt zu haben, vielmehr gerade unter der Regierung des letzteren (222—235) sein Gedicht veröffentlicht zu haben. Ein zweites Gedicht, von einem jüngeren Dichter (zur Zeit Julians) verfasst und jenem ersteren nachgebildet liegt in vielfach verstümmelter und durch Veränderung der ursprünglichen Reihenfolge einzelner Verse und ganzer Stücke entstellter Form in Buch IV vor. Über Buch I und V urtheilt Köchly (s. die praefatio der Teubner'schen Textausgabe S. VII) folgendermaßen: „habemus denique duas collectiones, quarum altera eaque melior primus, altera quintus liber inscribitur, a duobus hominibus et ignorantia metrorum sermonisque Graeci et ingenii stupore simillimis factas, quibus diversissimorum poetarum fragmenta et insulsissimorum versificatorum, quos eosdem cum excerptoribus esse putem, foetus continentur nullo nisi externae cuiusdam rerum nominumque similitudinis vinculo cohaerentia“. Gegenüber der Echtheit des Namens Manetho, unter dem diese Bücher überliefert sind, verhält sich Köchly mehr als skeptisch, vgl. die Einleitung der

Didot'schen Ausgabe S. XLIX: „Manethonis nomen his sex libris
praefixum non tam confictum videtur a lectore quodam huius prooemii
(nämlich des 1. Buches) et illius ad quintum librum (in denen
bekanntlich der König Ptolemaeus [Philadelphus] apostrophiert
wird), sed potius qui hos flosculos composuit, quos Manethonis
antiquo et sancto nomini adscriberet, antiquioribus prooemiis usus
est ... Praeter horum librorum titulum unus Suidas quantum scio
diserte de Manethone quodam Aegyptio Apotelesmatum scriptore
monuit". Aus diesen Worten ist zu entnehmen, dass Köchly an der
Existenz eines astrologischen Dichters Namens Manetho überhaupt
gezweifelt hat. Dass dem nicht so sei, wollen wir zuerst beweisen.
Denn nicht nur Suidas (Μάνεθως Διοςπόλεως τῆς Αἰγύπτου ἢ Σεβεννύτης.
Φυσιολογικά, Ἀποτελεσματικά δι' ἐπῶν καὶ ἄλλα τινὰ ἀστρονομού-
μενα) erwähnt einen Manetho als astrologischen Dichter, sondern
schon ein Zeuge aus dem 4. Jahrhundert, unser Hephaestion eben
in der oben angeführten Stelle, wo drei Verse, die sich jetzt im ersten
Buche der Manethoniana finden, ausdrücklich unter des Manethon
Namen angeführt werden. Aus nicht viel später Zeit stammt das
Zeugnis des heiligen Paulinus von Nola (353—431), in dessen in
seinem 38. Briefe enthaltenen carmen contra poetas vanos (ed. Veron.
1736 S. 551) sich folgende Verse finden:

  nunc tria miremur texentem fata Platonem
  aut Arati numeros et picta Manethonis astra.
  dicant quaeso ubi tunc rapidas nascentibus horas
  ponebant, et quae quibus ibant sidera signis,
  cum pius Ezechias fidei virtute precatus
  verteret astrorum cursus caelique meatus
  turbaret iussi retro acto lumine solis?

Dass hier die Worte picta astra soviel bedeuten als astra
carmine descripta, verbis depicta, wie Ennius in seiner von ihm
selbst verfassten Grabschrift sagt (Cic. Tuscul. 1 15, 34): „hic
vestrum pinxit maxuma facta patrum" (wo freilich jetzt pauxit ge-
lesen wird), scheint mir keine allzu gekünstelte Deutung. Möglich
ist indes ja auch, dass pingere in des Wortes gewöhnlicher Bedeutung
aufgefasst werde. zu welchem Zwecke ich auf Gronovs Herodot
S. 925 verweise: „quidquid a Manethone versibus erat scriptum,
solebat in eadem pagina coloribus diversis adpingi, ut spectaretur
coniunctio vel separatio planetarum et inde opera eorum ets."

Doch wie dem auch sein mag, sicher ist für mich, dass Paulinus
von Nola in der obigen Stelle auf ein astrologisches Buch oder
Gedicht des Manetho hindeutet, wie sein älterer Zeitgenosse
Hephaestion. Außer diesen verhältnismäßig frühen Gewährsmännern
wird der Astrologe Manetho erwähnt von dem bereits oben citierten
Anonymus aus dem Ende des 11. Jahrhunderts bei Cramer Anecd.
Oxon. III 185, 9: πολλού δέω πιστεύσαι Μανέθωνί τε καί Δωροθέῳ
καί Κολοκύνθῳ und ib. Z. 18: οἷον ταῦτα καί τά περί γάμον ἐρωτήματα
διαιρῶ παρακούμενος τά τε τοῦ Μανέθωνος καί Δωροθέου τοῦ Σιδωνίου
sowie von Anna Comnena Alex. VI S. 164: οὗτε γάρ ἐπ' Εὐδόξου
τοῦ ἀστρονομικωτάτου ἡ τῶν χρησμῶν μέθοδος ἦν οὗτε ὁ Πλάτων τήν
σύνεσιν ταύτην ἤδει, ἀλλ' οὐδέ Μανέθων ὁ ἀποτελεσματικός
περί ταύτης ἠκρίβωσεν. ἀλλά λείψις ἦν ἐκείνοις ὡροσκοπίας, ἐν οἷς
προυμαντεύοντο, καί πῆξις τῶν κέντρων καί τοῦ ὅλου διαθέματος ἐπι-
τήρησις καί ὁπόσα ἄλλα ὁ τήν μέθοδον ταύτην εὑρηκώς τοῖς ἐς ὕστερον
παρέδωκεν ἅπερ ξυνετά τοῖς περί τά τοιαῦτα ματαΐζουσιν.

Im Codex Vindobonensis phil. gr. 108 fol. 214ʳ finden sich
die Worte: καί Μανέθων δέ ταῦτα εἶπεν ἐν τοῖς ἔπεσι περί χρόνων
ζωῆς ohne folgenden Text, während vorausgeht: περί χρόνων ζωῆς
κατά τοῦ Πτολεμαίου μετά τοῦ Πορφυρίου καί Παγχαρίου. Bekanntlich
bildet der Abschnitt περί χρόνων ζωῆς den Schluss unseres jetzigen
3. Buches der Manethoniana.

Was an Eigenthum des Manetho der Codex Marcianus 334
enthält, in dem nach dem Cataloge sich ein „syntagma astrologicum
tertium ex Dorotheo, Orpheo, Valente, Ptolemaeo, Hephaestione,
Annubione et Manethone" befindet, vermag ich nicht zu sagen.

Aus dem bisher Angeführten geht hervor, dass Köchly voll-
ständig mit Unrecht an der Existenz eines astrologischen Dichters
Namens Manetho zweifelte, wenngleich ich Köchly nicht bestimmt
widersprechen kann, dass der Verfasser der ἀποτελεσματικά nicht
identisch sei mit dem der Αἰγυπτιακά. Denn wann der Astrologe
Manetho gelebt habe, ist nicht genau zu bestimmen, doch jedenfalls
vor dem Ende des 4. christlichen Jahrhunderts, da Schriftsteller
aus dieser Zeit ihn bereits kennen. Betrachte ich ferner die Stelle
des Paulinus von Nola, so scheint mir aus der Zusammenstellung
mit Plato und Aratus gefolgert werden zu dürfen, dass Manethon,
dessen Name als der einer Capacität in astrologischen Dingen an-
geführt wird, zeitlich beträchtlich vor Paulinus lag, ja auf mich

macht die Stelle den Eindruck, als ob Paulinus den alten ägyptischen Priester und Chronologen Manethon darunter hätte verstanden wissen wollen; ist diese letztere Vermuthung nun richtig oder nicht, sicher scheint mir zu sein, dass Paulinus mit Manethon keinen Zeitgenossen sondern eine Autorität aus relativ alter Zeit anführen wollte. So viel von der Existenz des Astrologen Manetho.

Was die uns erhaltenen und unter des Manetho Namen überlieferten 6 Bücher ἀποτελεσματικά anbelangt, so ist das Citat des Hephaestion aus Manetho berufen, die Hypothese Köchlys über die Entstehung und Composition der Manethoniana wesentlich zu alteriren. Nachdem nämlich von Hephaestion drei Verse unter des Manethon Namen citirt werden, die sich im ersten Buche der ἀποτελεσματικά thatsächlich finden, und die Fragmente 2, 3, 7, 10, 11, 20, 21, 27, 31, 35, 37; 13, 28 [in welchem sich die obigen drei Verse befinden]; 15, 23 bei Köchly als dem Inhalt und der Form nach zusammengehörig selbst Köchly auf einen Dichter zurückgeführt werden zu müssen scheinen, so wird man nicht umhin können anzunehmen, dass der Kern des 1. Buches auf Manethon zurückgehe. Dadurch wird aber die Vermuthung sehr nahe gelegt, dass auch die übrigen Bücher, insbesondere II, III und VI, den Namen des Manethon nicht ohne Grund tragen. Bei dieser Gelegenheit erinnere ich vorläufig nur an das oben erwähnte Citat Μανεθῶν περὶ χρόνων ζωῆς im Cod. Vindobonensis gr. 108, das auf das 3. Buch der ἀποτελεσματικά hinweist. Ist es dann richtig, dass, wie Köchly meint, der Verfasser der Bücher II, III und VI zu Anfang des 3. christlichen Jahrhundertes zur Zeit des Kaisers Alexander Severus gelebt hat, so wäre damit entschieden, dass der Astrolog Manethon zu Anfang des 3. Jahrhunderts gedichtet hat — eine Zeitbestimmung, die auch mit unserer Auffassung der Stelle des Paulinus von Nola nicht in Widerspruch steht. Indes, wie bereits angedeutet, bleiben diese Gedanken vorläufig noch Hypothesen; ich hoffe jedoch bei nächster Gelegenheit, wo ich über die Composition der Manethoniana eingehender zu handeln gedenke, meine diesbezüglichen hier ausgesprochenen Vermuthungen begründen zu können.

Hephaestionis Thebani

ΠΕΡΙ ΚΑΤΑΡΧΩΝ

LIBER PRIMUS

E CODICIBUS PARISINIS NUNC PRIMUM

EDITUS.

P = Codex Parisinus graecus 2417 saec. XIIII.

A = Codex Parisinus graecus 2841 saec. XIII.

a = Codex Parisinus graecus 2415 saec. XVI.

cod(ex) Matr(itensis) LXVIII = bina folia Dorothei versus continentia, cf. supra p. 14.

ΗΦΑΙΣΤΙΩΝΟΣ ΘΗΒΑΙΟΥ ΠΕΡΙ ΚΑΤΑΡΧΩΝ
ΒΙΒΛΙΟΝ ΠΡΩΤΟΝ.

Σὺν θεῷ ἡμῖν σκοπὸς ἐνθάδε, ὦ σπουδαιότατε τῶν φίλων Ἀθανά-
σιε, πρὸς τὸ εὐπαρακολουθητότερον ἐκθέσθαι τουτὶ τὸ ἐγχειρίδιον
περιέχον ὑπόμνησίν τινα καὶ τὴν εἰς ἡμᾶς ἐλθοῦσαν πεῖραν τῶν παρὰ 5
τοῖς ἀρχαίοις εἰρημένων περὶ τῶν ἄστρων ἤτοι σημαινόντων ἢ ποιούντων
ἢ καὶ ἑτέρῳ τρόπῳ τὰ τῇδε ὑπὸ σελήνην πάντα περικυκλούντων καὶ
τρεπόντων τοῖς πρὸς ἄλληλά τε καὶ τὴν γῆν σχήμασί τε καὶ φάσεσι καὶ
ταῖς ἄλλαις αὐτῶν ἰδιοτροπίαις . μὴ ταραττέτω δὲ μηδένα τὸ ἐπ' ἐνίων
δυσθεώρητον διὰ τὸ πολυμερὲς τῆς τοιαύτης θεωρίας καὶ τὴν κατὰ τὸ 10
ἐνδεχόμενον ἐπίσκεψίν τε καὶ γνῶσιν εἰς τελείας ἀκαταληψίας δόξαν τῶν
τε πλείστων καὶ ὁλοσχερεστέρων συμπτωμάτων οὕτως ἐναργῶς τὴν ἀπὸ
τοῦ περιέχοντος αἰτίαν ἐμφανιζόντων · μηδ' οὖν ἀποκνείτων τινες φάσκοντες
εἱμαρμένην μὲν εἶναι τὸ πάντων κρατοῦν, ἄχρηστον δὲ τὴν πρόγνωσιν
διὰ τὸ πάντη πάντως ἔσεσθαι . πρὸς οὓς ἀντιτακτέον τό τε ἐφ' ἡμῖν καὶ τὸ 15
ἐν τοῖς πλείστοις σπουδάσμασι τῶν ἀνθρώπων. δυσωπῆσαι δὲ τῇ περὶ
τούτων ἐνεργείᾳ, ὅλως δὲ γνωστέον ὅτι οἱ καταμεμφόμενοι τὸ ἄχρηστον
ταύτης τῆς καταλήψεως πρὸς οὐδὲν τῶν κυριωτάτων ἀποβλέποντες δια-
σύρουσιν, ἀλλὰ πρὸς αὐτὸ τοῦτο μόνον ὅτι τῶν πάντη πάντως ἐσομένων
ἡ πρόγνωσις περιττόν, καὶ τοῦτο δὲ ἁπλῶς καὶ οὐ διεσκεμμένως. πρῶτον 20
μὲν γὰρ δεῖ σκοπῆσαι, καθώς φησιν ὁ φιλαλήθης Πτολεμαῖος, καὶ ἐπὶ
τῶν ἐξ ἀνάγκης ἀποβησομένων διότι τὸ μὲν ἀπροσδόκητον τούς τε
θορύβους ἐκστατικοὺς καὶ τὰς χαρὰς ἐξοιστικὰς μάλιστα πέφυκε ποιεῖν,
τὸ δὲ προγινώσκειν ἐθίζει καὶ ῥυθμίζει τὴν ψυχὴν τῇ μελέτῃ τῶν ἀπόντων
ὡς παρόντων καὶ παρασκευάζει μετ' εἰρήνης καὶ εὐσταθείας ἕκαστα 25
τῶν ἐπερχομένων ἀποδέχεσθαι · ἔπειτα δεῖ μηδὲ οὕτως χρὴ νομίζειν

---

1 ἡφαιστίωνος θηβαίου βιβλίον πρῶτον καθολικόν *AP*, ἡφαιστίωνος θηβαίου
φιλοσόφου περὶ καταρχῶν βιβλίον πρῶτον καθολικὸν *a* — 4 τοὺς εὐπαρακολουθη-
τους *P*, εὐπαρακολουθήτως *a* — 5 παρὰ *a*, περὶ *AP* — 9 μὴ] καὶ μὴ *P* —
12 τε om. *P* — 13 οὖν] αὖ *P* — 17 ἐνεργεία *A* — 18 κυριωτάτων *P* —
23 ἐκστικάς *P* — 24 προγινώσκειν *P* — 25 εὐσταθείας *a*

‹εἶναι› ἅπαντα τοῖς ἀνθρώποις ὡς ἐκ θείου τινὸς καὶ ἀλύτου προστάγ-
ματος μηδεμιᾶς ἁπλῶς ἄλλης αἰτίας ἀντιπράξαι εἰς ἕνα δυναμένης. ἐπὶ
μὲν γὰρ τῶν καθολικῶν περὶ τὸν κόσμον περιστάσεων οἷον κατακλυσμῶν,
ἐκπυρώσεων, λοιμῶν ἀνάγκη κατακρατεῖ· ὑποκιπτούσης ἀεὶ τῆς βραχυ-
5 τέρας αἰτίας τῇ μείζονι, ἐπὶ δὲ τῶν μὴ οὕτως ἐχόντων τῶν καθ' ἕκαστα
τὰ μὲν ἐπιτυγχάνοντα τῶν ἀντιπαθῶν εὐανάτρεπτα γίνεται, τὰ δὲ μὴ εὐπορήσαντα
ὑπάγεται τῇ πρώτῃ αἰτίᾳ δι' ἄγνοιαν καὶ οὐ δι' ἀνάγκην. θαυμάσαι δ'
ἄν τις διότι ἐπὶ μὲν τῶν καθόλου πιστεύουσι πάντες καὶ τῷ δυνατῷ τῆς
προγνώσεως καὶ τῷ πρὸς τὸ φυλάξασθαι χρησίμῳ πρὸς μὲν τὸ θέρος
10 φροντίζοντες τῶν ψύχειν δυναμένων καὶ ἔμπαλιν πρὸς τὸν χειμῶνα, καὶ
ἔτι πρὸς τὸ ἀσφαλὲς τῶν ἀναγωγῶν παραφυλάττοντες τὰς τῶν ἀπλανῶν
ἀστέρων ἐπισημασίας καὶ ἄλλα πολλὰ ἐπιτηροῦντες, ἐπὶ δὲ τῶν κατὰ
μέρος καὶ τῆς καθ' ἕνα ἕκαστον ἰδιοσυγκρισίας οὐκέτι ‹δυνατὸν› τὸ
προγινώσκειν ἡγοῦνται· καίτοι προδήλου τυγχάνοντος ὡς, εἰ πρὸς τὰ καθόλου
15 καύματα εὐχοίμεν προφυλάξαντες αὐτούς, ἧττον καυσοίμεθα. ὥσπερ δὲ οἶμαι
καὶ ἐπ' αὐτοῦ τοῦ προγνωστικοῦ, καὶ εἰ μὴ διὰ παντὸς γοῦν ἄπταιστον ἦν,
τὸ γοῦν δυνατὸν αὐτοῦ μεγίστης σπουδῆς ἄξιον κατεφαίνετο, τὸν αὐτὸν
οἶμαι τρόπον καὶ ἐπὶ τοῦ φυλακτικοῦ. καὶ εἰ μὴ πάντων ἐστὶ θεραπευ-
τικόν, ἀλλὰ τό γε ἐπ' ἐνίων. κἂν ὀλιγάκις ᾖ, ἀγαπᾶν καὶ ἀσπάζεσθαι
20 χρή. τούτοις ὡς ἔοικε συνεγνωκότες οἱ παλαιοὶ Αἰγύπτιοι οὕτως ἔχουσι
συνῆψαν πανταχῇ, τῷ δι' ἀστρονομίας προγνωστικῷ τὴν ἰατρικὴν διὰ
τῶν καλουμένων παρ' αὐτοῖς ἰατρομαθηματικῶν συντάξεων, ἐξ ὧν
προσφόρως ἑκάστῳ τὰ βοηθήματα προσφέρουσιν. ἀλλὰ περὶ μὲν τούτων
ἀκριβέστερον λέγειν ἑτέρου καιροῦ ἂν εἴη, ἀρξώμεθα δὲ τῆς εἰς ἡμᾶς
25 ἐλθούσης πείρας τῶν παρὰ τοῖς ἀρχαίοις ἀποτελεσματικῶν συνταγμάτων
ἐπιμελούμενοι κατὰ τὸ δυνατὸν τοῦ τε εὐγνώστου καὶ εὐχρήστου μετὰ
τῆς προσηκούσης συντομίας.

I. Περὶ τῆς τῶν δωδεκαμορίων ὀνομασίας τε καὶ δυνάμεως.

Τὸν ζῳδιακὸν οἱ παλαιοὶ εἰς δώδεκα τμήματα διεῖλον ὀνομασίαν
30 ἑκάστῳ προσθέντες ἐκ τῶν ὡς ἐπὶ πλεῖστον συμπατχόντων ζῳδίων

1 εἶναι inserui, om. libri — 4 ἐκπειρώσεων A — κατακρατεῖ scripsi,
κατακρατεῖν libri — 7 ἄγνοιαν P — οὐ δι' scripsi, οὐχὶ libri — ἂν ἀνάγκην A,
εἰς ἀνάγκην a — 9 γνώσεως P — χρησίμῳ scripsi, χρήσιμα libri — 11 ἀγωγῶν P
— 13 δυνατὸν inserui, om. libri — 15 αὐτοὺς P — 16 ἐπ'] ὑπ' Γ — διὰ παντὸς
a, διὰ παντὸς AP — 18 εἶμαι A — θεραπευτικον P — 19 ἐπ' ἐνίων] ἐπαινίον P
— κἂν] καὶ A — ᾖ] ἢ P — 24 καιροῦ P — 26 εὐγνώστου] εὐχρήστου Aa —
εὐχρήστου a — 28 τῆς om. P — 29 διεῖλον (διεῖλαν?) P

ἐπὶ τῆς γῆς καὶ καταστερίζοντες ἐν τοῖς μέρεσι τούτοις, καθὼς ἐνεδέχετο, τοὺς αὐτῶν τόπους.

Ἀρχὴν δὲ ἐποιήσαντο ἀπὸ τοῦ Κριοῦ ἐαρινοῦ τμήματος διὰ τὸ ἐκ τοῦ νοτίου ἡμισφαιρίου ἐπὶ τὸ βόρειον τότε τοῦ ἡλίου μεταρχομένου, ὑφ' ᾧ τέτακται ἡ καθ' ἡμᾶς οἰκουμένη, ἄρχειν ὥσπερ αὐτῆς 5 ζωῆς καὶ τὰς βλάστας τῶν φυτῶν καὶ πάντων τῶν παρ' ἡμῖν ζῴων τὰς πληρώσεις γίνεσθαι. τοῦτο δὴ τὸ κατὰ τὸν Κριὸν δωδεκατημόριον κ ε φ α λ ὴ ν τοῦ κόσμου προσαγορεύουσιν, οἶκον Ἄρεως, ὕψωμα Ἡλίου περὶ ἐννεακαιδεκάτην μοῖραν, ἰσημερινόν, ἐαρινόν, τροπικόν, βασιλικόν, προστάσσον, φωνῆεν, χερσαῖον, νυκτερινόν. καὶ καθόλου μὲν 10 ἐστι βροντῶδες καὶ χαλαζῶδες· κατὰ μέρος δὲ τὰ μὲν προηγούμενα αὐτοῦ ὀλιγόσπορα καὶ ὀμβρώδη, καὶ ἀνεμώδη, διὰ τὴν τῆς ἰσημερίας ἐπισημασίαν· τὰ δὲ μέσα εὔκρατα καὶ πολύσπορα· τὰ δὲ ἑπόμενα καυσώδη καὶ λοιμικὰ μάλιστα τετραπόδων· τὰ δὲ πρὸς βορίαν χαυματώδη καὶ φθαρτικά· τὰ δὲ πρὸς νότον κρυσταλλώδη καὶ ὑπόψυχρα. 15 τούτῳ δὲ ὑπόκειται

ἀρχαίη Βαβυλών, Τυρίου Βήλοιο πόλισμα,
ὕστατα δ' Ἀραβίη, γείτων χθονὸς Αἰγύπτοιο.

Κατὰ δὲ Πτολεμαῖον Βρεταννία, Γαλατία, Γερμανία, Παλαιστίνη, Ἰδουμαία, Ἰουδαία. ὡς δὲ Ἵππαρχος καὶ οἱ παλαιοὶ τῶν Αἰγυπτίων 20 κατὰ μέρος διώρισαν, οὕτως· κατὰ μὲν τὸν ἀριστερὸν ὦμον Βαβυλωνία· κατὰ δὲ τὸν δεξιὸν Θρᾴκη· κατὰ δὲ τὸ στῆθος Ἀρμενία· κατὰ δὲ πλευρὰς Ἀραβία ἡ πρὸς Αἴγυπτον· κατὰ τὴν ῥάχιν καὶ κοιλίαν Περσὶς καὶ Καππαδοκία, Μεσοποταμία, Συρία, Ἐρυθρὰ θάλασσα. ἐξεθέμεθα δὲ τὰ κατὰ μέρος διὰ τὸ χρησιμεύειν τὸ τοιοῦτον πολλάκις πρὸς τὰς 25 κατ' ἐκείνους τοὺς τόπους προγνώσεις. δεῖλον δὲ τὰ ὅρια οἱ παλαιοὶ Αἰγύπτιοι καὶ Δωρόθεος ἐμμέτρως οὕτως·

---

3 τοῦ om. P — ἐαρινοῦ P — τμήματα P — 5 ὑφ' ὃ A, ἐφ' ὃ a — 7 γίνεσθαι Aa — δὲ Aa — δωδεκατημόριον A — 9 ἰσημερινόν] εἰς ἡμερινήν P — ἐαρινήν, τροπικήν, βασιλικήν P — 10 προστάσσων P — νυκτερινῶν P — 12 ἰσημερίας] εἰς ἡμερίας P — 14 τὰ δὲ πρὸς βορίαν] τὰ δὲ λοιμικά P — βορίαν correxi, βοράν Aa — 16 τούτῳ P — ὑπόκεινται P — 17 ἀρχαίη P — βαβυλῶν A — βύλοιο P — 18 ὕστατον P — ἀραβίη P, Ἀραβίης Koechly in editione Manethonis Apotelesmaticorum altera (Lips. 1858) — 19 παλαιστίνη A — 20 Ἰουδαία om. Aa — Ἵππαρχος a, ὕπαρχος AP — 21 βαβυλωνίων P — 23 ἀραβία P — ῥάχιν AP, δὲ ante ῥάχιν addit a — 25 τά om. P — 26 δεῖλον P — 27 δωρόθεος δὲ P

ἐξ δ' ὁρίων ἐπέχει μοίρας **Φαέθων** ἐνὶ τούτῳ
τὰς πρώτας · μετέπειτα δ' ἴσας λάχεν ἡ **Κυθέρεια** ·
ὀκτὼ δὲ **Στίλβων** τριτάτας · **Πυρόεις** δέ τε πέντε ·
τὰς δ' ὑπολειπομένας ἔλαχεν **Φαίνων** ἴσα **Θούρῳ**.

5 ὁ δὲ Πτολεμαῖος οὕτω · Ζεὺς ἕξ, Ἀφροδίτη ὀκτώ, Ἑρμῆς ἑπτά, Ἄρης
πέντε, Κρόνος τέσσαρας. καὶ ἑκάστου ζῳδίου λαμπρὰς μοίρας ἐξέθεντο ·
εἰσὶν οὖν αἱ τούτου λαμπραὶ μοῖραι γ', ιθ', κς', κζ', λ'. ἔτι δὲ καὶ ἑκάστου
ζῳδίου τρεῖς ἀφώρισαν δεκανοὺς κατὰ δεκαμοιριαῖον διάστημα · καὶ,
ἔστιν ὁ μὲν πρῶτος χονταρέ, ὁ δὲ δεύτερος χονταχρέ, ὁ τρίτος
10 σικές. ἐπετήρησαν δὲ κατὰ τὸ ὁλοσχερὲς οὐκ ἀντιπραττούσης ἑτέρας
αἰτίας τοὺς μὲν ἔχοντας ὡροσκοποῦντα τὸν πρῶτον δεκανὸν δυσγαμεῖν
ἐν τῇ πρώτῃ ἡλικίᾳ, ἐν δὲ τῇ ἐσχάτῃ εὐγαμεῖν καὶ τέλους καλοῦ
τεύξεσθαι. τὰ δὲ σημεῖα λεπτὰ τὰ στήθη μὴ σεσαρκωμένα, αἱ κνῆμαι
γυμναὶ καὶ ἄσαρκοι, ἕξει σημεῖον περὶ τὸ ἀριστερὸν ἢ ὑπὸ τὴν ἀριστερὰν
15 μασχάλην. κλιμακτῆρες δὲ ἀνεγράφησαν αὐτοῦ ἔτος δ', θ', ιβ', κα',
λγ', μθ', νβ', ξδ', οδ'. τοὺς δὲ τὸν δεύτερον ἔχοντας ὡροσκοποῦντα
πλουσίως μὲν τραφήσεσθαι μετὰ τοῦ κακοπαθεῖν πως ἐν τῇ πρώτῃ
ἡλικίᾳ, φρονίμους δὲ εἶναι καὶ πεπαιδευμένους καὶ προστήσεσθαι πολλῶν
καὶ καλοῦ τέλους τυχεῖν. τὰ δὲ σημεῖα οἱ ὀφθαλμοὶ αὐτοῦ μεγάλοι
20 κεχρμένοι, ὀλίγον ὀξύθυμος ἔσται, ἔση ἡ ἡλικία καὶ τὸ μῆκος σύμμε-
τρον. οἱ δὲ κλιμακτῆρες ἀνεγράφησαν αὐτοῦ ἔτος β', ζ', ιζ', ιθ', κδ',
λβ', λθ', μα', νβ', ξδ', οα', πς'. τοὺς δὲ τὸν τρίτον ἔχοντας ὡροσκο-
ποῦντα κακοπαθεῖν καὶ ξενιτεύειν πολλὰ καὶ χωρίζειν τοὺς γονεῖς
θανάτῳ καὶ ἄχρηστα ἔχειν τὰ αὐτῶν καὶ λοιπεῖσθαι εἰς γάμον, ὕστερον
25 δὲ λαβεῖν προσεφθαρμένην γυναῖκα καὶ τεκνῶσειν καὶ τὸ τέλος τοῦ βίου
εὐθύμως ἕξειν. τὰ δὲ σημεῖα γεννᾶται μὲν ξανθὸς καὶ ὠχρός. γενήσεται
εὐπρεπὴς τὸ μέγεθος, μώμος ἔσται ἐν τῷ μήκει αὐτοῦ ἐκ θεοῦ ἐνεργείας.
οἱ δὲ κλιμακτῆρες ἔτος ζ', ια', ιθ', κη', λγ', λς', μ', νβ', ξζ', οδ'. πη',
μς'. τὸ δὲ μεταξὺ Κριοῦ καὶ Ταύρου, ὅπερ μεταιβόλημα καλεῖται, εἰ

---

1 δὲ et ἐπέχει libri nostri, ἐπέχει cod. Matrit., genuinam lectionem praebet
Salmasius — τούτων P — 2 μετέπειτα] κάπειτα P — καθέρεα P — 3 τριτάτας
et Matr., τρίτατος A, Salmas., Koechly. τρίτατου P — πρώτης P — 4 ἴσα θούρῳ]
εἰς ἀθούρῳ P, codicis Matr. manu prima versus in hunc modum correctus est:
τὰς δ' ὑπολειπομένας ἴσας φαίνων λάχε θούρῳ — 7 κζ' om. P — 13 κνῆμαι γυμναί
P — 14 ἕξει A — 17 πως sine accentu a, πῶς AP — 18 προστήσεσθαι P —
20 σύμμετρον correctum in σύμμετρα A — 21 κλιμακτῆρες P — 22 ὡροσκοποῦντας
P — 23 κακοπαθεῖν Aa — 25 λαχεῖν P — προσεφθαρμένην P — τεκνῶσειν P —
τό om. P — 27 γίγεται A — ἐνεργίας P — 28 κλιμακτῆρες P hic et saepius

49

τις ἔχει ὡροσκόπον. οἶκος ἄλαλος καὶ κωφός καὶ ἄσημος τελευτήσει
ἐπὶ τῶν αὐτῶν κλιμακτήρων τῶν τοῦ τρίτου δεκανοῦ τοῦ Κριοῦ.
Ἑξῆς τὸ τοῦ Ταύρου δωδεκατημόριόν ἐστιν, ὃ εἰς τράχηλον τοῦ
κόσμου ἀναφέρεται, οἶκος Ἀφροδίτης. ὕψωμα Σελήνης περὶ τρεῖς
μοίρας, στερεόν, φωνῆεν, προστάσσον, θηλυκόν, χερσαῖον, λατρῶδες. 5
καὶ ἔστι καθόλου μὲν ἐπισημαντικὸν ἀμφοτέρων τῶν κράσεων καὶ ὑπό-
θερμον. κατὰ μέρος δὲ τὰ μὲν προηγούμενα κατὰ τὴν Πλειάδα πνευ-
ματώδη καὶ ὁμιχλώδη καὶ σεισμοποιά · τὰ δὲ μέσα ὑγραντικὰ καὶ ψυχρά ·
τὰ δὲ ἑπόμενα κατὰ τὴν Ὑάδα πυρώδη καὶ κεραυνῶν καὶ ἀστραπῶν
ποιητικά · τὰ δὲ βόρεια εὔκρατα · τὰ δὲ νότια κινητικὰ καὶ ἄτακτα. 10
προσοικειοῦνται δὲ αὐτῷ χῶραι οὕτως ·
θηρὶ δ' ὑπέστρωται κλίμα Μηδικὸν Ἀρραβίη τε
ἠδὲ καὶ εὐβώλοιο καλὸν πέδον Αἰγύπτοιο.
ὁ δὲ Πτολεμαῖος · Παρθία, Μηδία, Περσίς, Κυκλάδες, Κύπρος, Μικρὰ
Ἀσία. ἤδη δέ τινες πάλιν καὶ πρὸς μέρη αὐτοῦ τὰς οἰκειώσεις ἔθεντο · 15
κατὰ μὲν τὰ κέρατα Μηδία · τὰ πρὸς τῷ Ἡνιόχῳ δεξιὰ Σκυθία · τὰ
ἀριστερὰ Ἀρμενία · κατὰ τὴν Πλειάδα Κύπρος. τὰ δὲ ὅρια οὕτως ·
ὀκτὼ ἔλαχεν πρώτας ὁρίων μοίρας Κυθέρεια
ἐν τούτῳ · Στίλβων δὲ μετ' αὐτὴν ἔλαχε μοίρας
δὶς τρεῖς · καὶ Φαέθων ἔλαχ' ὀκτώ · πέντε δὲ Φαίνων, 20
τὰς δ' ὑπολειπομένας ἔλαχε Πυρόεις μετὰ τοῦσδε.
κατὰ δὲ Πτολεμαῖον οὕτως · Ἀφροδίτη ὀκτώ. Ἑρμῆς ἑπτά. Ζεὺς ἑπτά,
Ἄρης ἕξ. Κρόνος δύο. αἱ λαμπραὶ μοῖραι αὐτοῦ γ', ε', ι', ιζ', κη', λ'.
οἱ δὲ δεκανοὶ αὐτοῦ τρεῖς · χωου ὁ πρῶτος. ἐρω ὁ δεύτερος. ρομ-
βρόμαρε ὁ τρίτος. ὁ οὖν ἔχων ὡροσκοποῦντα τὸν πρῶτον ἔσται μὲν 25
ἐπιχαρής, πολύφιλος καὶ ἡδύβιος. ἐπίμοχθος δὲ καὶ μετὰ τὸ ἀποβαλεῖν
τὸν πρῶτον γάμον γαμήσει· προεφθαρμένην. καὶ μεγάλη εὐδαιμονία
ἔσται αὐτῷ. τὰ δὲ σημεῖα ἡ κεφαλὴ μεγάλη, οἱ ὀφθαλμοὶ αὐτοῦ μεγάλοι,
τὸ μέγεθος σύμμετρον. τὰ χείλη μεγάλα, σημεῖον ἔσται περὶ τὸν αὐχένα

3 δωδεκατημόριον A hic et saepius — 4 ἀναφαίνεται P — 6 ἐπισημαντικῶν
P — 7 πλειάδα P — 11 προσοικειοῦνται P — 13 ἠδὲ] εἰ δὶ P — εὐβώλοιο P —
αἰγύπτοιο cod. Matrit., αἰγυπτίοιο APa — 14 ὁ δὲ] οὐδὲ P — 16 τὰ πρός] τά
om. P — 17 πλειάδα P — 18 ὀκτὼ ἔλαχεν scripsi, ὀκτὼ δ' ἔλαχε libri, ὀκτὼ δ'
ἔλαχε omissa voce ὁρίων cod. Matritensis, unde ut versum efficerent Iriarte et
Koehly τὰς ante πρώτας inseruerunt — κυθέρεια P — 19 δὲ στίλβων P —
ἔλαχε cod. Matrit., ἔλαχε APa — 21 ὑπολειμένας AP — πυρόεις P — 23 αἱ]
αἱ δὲ P — γ'... ὁ οὖν ἔχων om. P, sed spatio unius versus relicto — 25 μὲν
om. Aa — 29 ἔσται] ἕξει P

4

καὶ ἄλλο περὶ τὸν κόλπον καὶ ἕτερον περὶ τὴν δεξιὰν πλευράν . οἱ
δὲ κλιμακτῆρες αὐτοῦ ἔτος α', δ', θ', ια', κβ', λγ', μθ', νϛ', ξθ', οβ'.
ὁ δὲ ἔχων τὸν δεύτερον ὡροσκοποῦντα ἔσται πλούσιος, ἀρχοντικός,
ἀγχίνους καὶ εὔγαμος, ἐπιτροπῶν καὶ παρακαταθηκῶν ἀξιούμενος. τὸ
5 δὲ σημεῖον τὸ πρόσωπον πλατύ, τὰ στέρνα εὐρύτατα. ὀφθαλμὸς εὐειδής,
τὰ ὦτα πλατέα, περὶ τοὺς ὤμους τετρίχωται, σημεῖον μέλαν περὶ τὰς
λαγόνας ἢ ὑπὸ τὸν μαστὸν καὶ περὶ τὰ νευρικὰ τάσις . οἱ δὲ κλιμακτῆρες
αὐτοῦ ἔτος ϛ', ιγ', κβ', λα', μγ', νϛ', ξα', οδ', πδ', ϙα'. οἱ δὲ ἔχοντες
τὸν τρίτον ἔσονται ἐκ μεγάλων γονέων καὶ αὐτοὺς διαστήσουσι καὶ τὰ
10 αὐτῶν οὐ καλῶς διοικήσουσι καὶ ἐκδημοῦσι καὶ ναυαγίων πειρῶνται καὶ
ἐπονειδίστως καὶ ἐμπαθῶς διαλαλοῦνται καὶ κινοῦνται ἐπὶ τὸν συνουσι-
αστικὸν τόπον καὶ ἀναπόλαυστοι γίνονται· τῶν κατὰ φυσικὴν συνουσίαν
ἡδονῶν καὶ τοῦ ἀξιωματικοῦ προσχήματος μεθίστανται· καὶ ἄωροί τινες
αὐτῶν ἀποθνήσκουσι . τὰ δὲ σημεῖα αὐτῶν τῷ προσώπῳ εὐειδεῖς καὶ
15 ἐπιτερπεῖς ἐοικότες γυναικί, ἀλλὰ μῶμον ἕξουσιν ἐν τῷ ἀριστερῷ
ὀφθαλμῷ ἢ περὶ τὸν ἕνα τῶν ποδῶν, εὔοφρυς. μέσος τὸ μέγεθος καὶ
λεπτός. εἰσὶ δὲ οἱ κλιμακτῆρες αὐτοῦ ἔτος θ', ιβ', κγ', λα'. μϛ', νθ',
ξα', οδ'. Ταύρου τὸ μετεμβόλημα καὶ Διδύμων ὁ ἔχων τὸν ὡροσκόπον
ἐν τούτῳ ἕξει δύο φύσεις · ἄσπερμος, ἀπρεπὴς καὶ τοῖς μέλεσιν ἄπλαστος
20 καὶ ἀηδής.

Τὸ δὲ τῶν Διδύμων δωδεκατημόριον, ὃ εἰς ὤμους παραλαμβάνεται.
ἔστιν Ἑρμοῦ οἶκος, δίσωμον, ἀρσενικόν, λογικόν, ἀνθρωποειδές . καὶ
καθόλου μὲν εὐκρασίας ποιητικόν· κατὰ μέρος δὲ τὰ μὲν προηγούμενα
αὐτοῦ φθαρτικά· τὰ δὲ μέσα εὔκρατα· τὰ δὲ ἑπόμενα μεμιγμένα καὶ
25 ἄτακτα· τὰ δὲ βόρεια πνευματώδη καὶ σεισμοποιά· τὰ δὲ νότια ξηρὰ
καὶ καυσώδη . ὁμοίως κατὰ Δωρόθεον ·

ἔστι δὲ φωνῆεν κλίμα Καππαδοκῶν ὑπὸ τῷδε
ἠδέ τε Περραιβῶν καὶ Φοινίκων θεοτεύκτων.

κατὰ Πτολεμαῖον Ὑρκανία, Ἀρμενία, Μαντιανή, Κορηναϊκή, Μαρμαρική.
30 Αἴγυπτος κατὰ χώραν . κατὰ δὲ μέρη τῷ μὲν βορείῳ Διδύμων ὑπό-
κειται κατὰ τοὺς πόδας Βοιωτία · παρὰ τὴν χεῖρα Θράκη · ὑπὸ τὸν

4 ἐξιούμενος A — 6 ὦτα Pa — τετρύχωται P — 7 ὑπὸ τῶν μαστῶν A —
10 διοικοῦσιν P — ἐκδημοῦσιν Aa — 11 διαπαθῶς P — καὶ κινοῦνται ἐπὶ τὸν
συνουσιαστικὸν τόπον] καὶ συνουσιαστικῶν Aa — 16 εὔοφρυς P — 20 ἀηδής A —
21 ὤμους A — 27 τόδε P — 28 περραιβῶν Koechly, περιβίων A, παρεβίων a et
cod. Matr., περιβίων P — 30 num ἢ κάτω χώρα scribendum? cf. Ludwichi
edit. Maximi p. 114,8 — μέρη scripsi, μέρει libri — βορίῳ P — διδύμῳ Aa

νώτον Γαλατία · τοῦ δὲ νοτίου ὑπὸ τὸν γλουτὸν Πόντος · κατὰ νῶτον
Κιλικία · κατὰ τὸν ὠμοπλάτην Φοινίκη · κατὰ τὴν κορυφὴν Ἰνδική . τὰ
δὲ ὅρια οὕτω ·

Στίλβων δ᾽ ἐν τούτῳ προτέρας ἔλλαχε μοίρας ·
τὰς δ᾽ ἴσας Φαέθων, τριτάτας Παφίη λάχε πέντε.
ἑπτὰ δὲ θοῦρος Ἄρης, ἓξ δ᾽ αὖ Φαίνων μετέπειτα.

κατὰ δὲ Πτολεμαῖον Ἑρμῆς ἑπτά, Ζεὺς ἑπτά, Ἀφροδίτη ἓξ, Ἄρης ἓξ.
Κρόνος τέσσαρας. αἱ δὲ λαμπραὶ μοῖραι αὐτοῦ ς᾽, ιθ᾽, κα᾽, λ᾽. οἱ δὲ
τρεῖς δεκανοί εἰσιν οὗτοι · θοσόλκ ὁ πρῶτος, οὖαρε ὁ δεύτερος.
φούορι ὁ τρίτος . ὁ ἔχων τὸν πρῶτον ὡροσκοποῦντα ἔσται ἀγχίνους 10
καὶ πεπαιδευμένος, φιλευφρόσυνος, ἐρωτικός, μισοπόνηρος, μικρόλυπος.
τὸ ζῆν ἐν παρύγροις τόποις ἔχων, καὶ ἀκαταστατήσει κατὰ γυναῖκα
καὶ ἐξ ἔρωτος ἢ φιλίας λήψεται γυναῖκα καὶ οὐρανίων μαθημάτων
ἅψεται . τὰ δὲ σημεῖα αὐτοῦ οὐλοκόμος ἔσται, εὐμήκης τὴν ἡλικίαν,
δύο περιστροφὰς ἕξει ἐν τῇ κεφαλῇ, περισσὸν δάκτυλον τῆς χειρός . οἱ 15
κλιμακτῆρες αὐτοῦ ἔτος α᾽, θ᾽, κδ᾽, λδ᾽, μγ᾽, νγ᾽. ξε᾽, ογ᾽. ὁ δὲ ἔχων
τὸν δεύτερον ἀχθήσεται μὲν πλουσίως, διαστήσει δὲ τοὺς γονεῖς θανάτῳ
καὶ τὰ αὐτῶν μειώσει. καὶ ἔσται λαμπρότερος τῶν γονέων δι᾽ ἑαυτοῦ
κτώμενος καὶ ἐν ἱεροῖς τιμηθήσεται. καὶ εὐχρημάτιστος ἔσται καὶ
λήψεται γυναῖκα ἀφ᾽ αἵματος καὶ μετὰ τὸ ἀκαταστατῆσαι ἐν τῇ πρώτῃ 20
ἡλικίᾳ τεύξεται καλῶν. τὰ δὲ σημεῖα αὐτοῦ μέσος τὴν ἡλικίαν ἔσται,
εὐειδὴς τὸ πρόσωπον, μέσος τὸ σῶμα, σημεῖον ὑπὸ τὴν μασχάλην .
εἰσὶ δὲ κλιμακτῆρες αὐτοῦ ἔτος ζ᾽, ιβ᾽, ιθ᾽, κα᾽, κς᾽, λς᾽, μγ᾽, νς᾽, ξε᾽,
πδ᾽, γβ᾽. ὁ δὲ τρίτον ἔχων κακοπαθήσας ἐπὶ τῆς νεότητος διαστήσει
τοὺς γονεῖς καὶ τὰ αὐτῶν μειώσει . ἐπὶ ξένης δὲ τὰ πλεῖστα οἰκήσει καὶ 25
ἔσται βλάσφημος διὰ ζημίας · ἐν δὲ τοῖς κατὰ γυναῖκα ἐπίψογος ἔσται
καὶ λαμβάνει γυναῖκα ἀναξίαν αὐτοῦ ἢ καὶ προεσκυλμένην. τὰ δὲ σημεῖα
λεπτοπρόσωπος ἔσται καὶ μικρόφθαλμος, ξανθὸς τὸ σῶμα, καυχήμων
ἔσται . εἰσὶ δὲ οἱ τοῦ θεοῦ κλιμακτῆρες ἔτος ζ᾽, ιβ᾽, κα᾽, λβ᾽, μγ᾽, νβ᾽,
ξδ᾽, οδ᾽, πς᾽, γβ᾽. ὁ δὲ ἔχων τὸ μεσεμβόλημα Διδύμων καὶ Καρκίνου 30

1 νώτον] νότον a — 2 ὠμοπλάτην P — 4 ἔλλαχε P — 5 τριτάτας cod.
Matril., τρίτας Aa, τρίτας τῇ P, τριτάτῃ Salmas. et Koechly — 10 φούωρι P —
11 μικρόλυπον a — 14 ἅψεται : A — 17 θάνατος Aa — 22 μέσος] μέγας P —
25 ξένοις A — 26 ἐν δὲ A bis, scilicet in extrema pagina et initio folii versi —
27 αὐτοῦ scripsi, αὐτὸς libri — ἢ καὶ] καὶ om. a — 29 θεοῦ] θὺ libri

4*

περὶ τὰ ὁρατικὰ σκωθήσεται ἢ καὶ λευκώματα. τοῦ δὲ Διὸς ὁρῶντος
τὸν τόπον τοῦ ἑνὸς ὀφθαλμοῦ τὸ σίνος ἔσται.

Τὸ δὲ τοῦ Καρκίνου δωδεκατημόριον, ὃ εἰς στῆθος καὶ πλευρὰς
παραλαμβάνεται, ἔστιν οἶκος Σελήνης, ὕψωμα Διὸς περὶ δεκαπέντε
5 μοίρας. θερινόν, τροπικόν, ἄφωνον, ἀμφίβιον, γόνιμον, κυρτόν, κάθυγρον.
θῆλυ, νυκτερινόν, προστάσσον, κόσμου ὡροσκόπος. καὶ καθόλου μὲν
ἐστιν εὐδιεινὸν καὶ θερμόν · κατὰ μέρος δὲ τὰ μὲν προηγούμενα αὐτοῦ
καὶ κατὰ τὴν Φάτνην πνιγώδη καὶ σεισμοποιὰ καὶ ἀχλυώδη · τὰ δὲ
μέσα εὔκρατα · τὰ δὲ ἑπόμενα πνευματώδη · τὰ δὲ βόρεια καὶ τὰ νότια
10 ἔμπυρα καὶ καυσώδη · ἡ δὲ ἐν αὐτῷ Φάτνη λεγομένη ποιεῖ λευκώματα
ἐν τοῖς ὀφθαλμοῖς ·
τῷ δ᾽ ὕπο Θρηΐκων καὶ Αἰθιόπων κλίμα κεῖται.
κατὰ δὲ Πτολεμαῖον Νουμιδία, Καρχηδονία, Ἀφρική, Βιθυνία, Φρυγία,
Κολχική, μερικῶς δὲ, ὡς Ὠδαφὸς λέγει, τὰ μὲν ἐμπρόσθια μέρη
15 Βακτριανή · τὰ δὲ ἀριστερὰ Σκυθία, Ἀκαρνανία καὶ Ἑλλήσποντος καὶ
Λιβυκὸν πέλαγος καὶ Βρεταία καὶ Θούλη, νῆσος · κατὰ δὲ τοὺς πόδας
Ἀρμενία καὶ Καππαδοκία. Ῥόδος, Κῶς καὶ Ἴλιον νῆσοι · κατὰ δὲ
τὰ μέσα Ἀσία · ἐν δεξιοῖς δὲ Λυδία, Ἑλλήσποντος. τὰ δὲ ὅρια οὕτως ·
ἑπτὰ δὲ τὰς προτέρας ὁρίων μοίρας λάχε Θοῦρος
20 ἐν τούτῳ · μετέπειτα δὲ ἓξ λάχεν ἡ Κυθέρεια ·
τὰς δ᾽ ἴσας Ἑρμῆς, φαίθων Ζεὺς ἑπτὰ μετ᾽ αὐτόν,
δὶς δὲ δύω κομάτας ἔλαχεν Κρόνος ἀγκυλομήτης.
κατὰ δὲ Πτολεμαῖον Ἄρης ἕξ. Ζεὺς ἑπτά. Ἑρμῆς ἑπτά. Ἀφροδίτη
ἑπτά, Κρόνος τρεῖς. αἱ δὲ λαμπραὶ μοῖραι αὐτοῦ η΄, θ΄, ιά΄, ι΄, κγ΄,
25 κς΄. οἱ δὲ τρεῖς αὐτοῦ δεκανοί · σωθὶς ὁ πρῶτος, σὶτ ὁ δεύτερος.
χνουμὶς ὁ τρίτος. ὁ οὖν γεννώμενος ἐπὶ τοῦ πρώτου δεκανοῦ ἔσται
ἀγαθός, ἥσυχος, πιστευόμενος ἐφ᾽ οἷς λέγει. πολυμέριμνος, πολύφιλος,
ἐξ ἐπινοίας πολλὰ κτώμενος καὶ ἐχθρῶν περιγινόμενος. τὰ δὲ κατὰ

---

1 ὁρατικὰ P — 3 πλευρά a — 4 ὕψωμα] ὕψος P — 5 γόνιμον P — 6 θῆλυ]
θηλυκόν P — 7 εὐδιεινὸν Aa — 8 κατὰ τὴν P, τήν om. Aa — πνιγώδη, P —
ἀχλυώδη, P, ἀχλώδη Aa — 9 νότια A' — 10 ἔμπυρα A — λευκώματα A — 12 δὲ
pro δ᾽ libri — Θρηΐκων A. Θρηκῶν u, Θρηκῶν cod. Matr., correxit Koechly —
13 βιθυνία P — 14 κολχική] κήχικός P — ὠδαφός] . . . φος P — 15 βακτριανή P
— τὰ δὲ] τε δὲ P — ἱλίσποντος P — 16 βρεττανία A — 17 κῶς a — 18 ἱλίσποντος P
— 20 καὶ ἓξ Salmas. — κυθίρεα P — 21 ἑρμίας P, ἑρμίας Aa cod. Matr., correxit
Iriarte — pro φαίθων Ζεὺς Koechly suspicatur scribendum esse φαίθων τὰς —
22 ἔλαχε Aa — ἀγκυλομήτης P — 26 χνουμὶς] γνουμ . . P — γενώμενος P —
28 ἐπινοίας P

γυναίκα έξει επίγονα και γαμήσας θάπτει επί νεότητος. ύστερον δε
εύνοηθήσεται και εσχάτην καλήν έξει. τα δε σημεία εύμήκης το μέγεθος.
ή θριξ ωραία και συνεστραμμένη, οι οφθαλμοί επιτερπείς, αι οφρύες
ομοίως, ή ρις ύψηλή, εύρύς τους ώμους, τα νεύρα των ποδών εξέχει,
σημείον ύπο την μασχάλην ή ύπο τον μαστόν και άλλο σημείον επί 5
του δεξιού άγκωνος έσται. οι δε κλιμακτήρες του δεκανού έτος θ', ια',
κα', λγ', μθ', νς', ξγ', οα', πς'. ο δε γεννώμενος επί του δευτέρου δεκανού
τραφήσεται πλουσίως και των γονέων βελτίων και θανάτους αδελφών
όψεται και δημοσιωθήσεται και δοξασθήσεται ύπο όχλων και νόμους
πιστευθήσεται · ακαταστατήσει δε εν τοις κατά γυναίκα και επί τέκνοις 10
λυπηθήσεται. τα δε σημεία αυτού μικρομεγέθης, μελανόχρους, ψιλόν
το γένειον, τα στήθη μικρά, σημείον μέλαν εύρεθήσεται επί του ομφαλού,
λόγω τους ανθρώπους εύφραίνων, έργω δε ουδέ όλως. οι δε κλιμα-
κτήρες έτος δ', ζ', ιθ', κγ', μβ', νδ', ξβ', ογ', πη'. ο δε επί του τρίτου
γεννώμενος έσται φρόνιμος και τραφήσεται αγενώς και διαστήσει τους 15
γονείς θανάτω και μειώσει τα πατρώα και έσται φιλόψιλος και κακοπα-
θήσει επί της νεότητος. εν δε τοις κατά γυναίκα ψόγους έξει και εν
στρατιωτική πράξει διαζήσει και λήψει πλήρη πείραν και εσχάτου
αγαθού τεύξεται. τα δε σημεία αυτού μέση, ηλικία. εύτραφής. λιπαρός,
ξανθός, λευκός, αι οφρύες μεγάλαι, τα στήθη πλατέα. προγάστωρ 20
έσται, πόνους έξει περί τα σπλάγχνα. εισί δε οι κλιμακτήρες έτος δ',
ζ', ιθ', κδ', λγ', μθ', ξγ', εθ', οβ', πς'. μή λαθέτω δε, ως εικότως εις
φυλακτήριον του στομάχου παραδέχονται τον γνωμίν ως κύριον όντα
του στήθους του κόσμου, καθώς ή διαίρεσις των ζωδίων περιέχει. το
δε μετεμβόλημα Καρκίνου και Λέοντος ποιεί εμμανείς μηδενός των 25
αγαθοποιών μαρτυρούντος. και ύπο των γονέων και των συγγενών οι
τοιούτοι εκβάλλονται και μετά των τετραπόδων ζώσιν · οι δε αγαθοποιοί
επιθεωρήσαντες οίνος ποιούσι και πάθος.

Το δε του Λέοντος δωδεκατημόριον, όπερ εις καρδίαν και τα
περί αυτήν κατανοείται, έστιν οίκος Ηλίου, ήμερινόν, τετράπουν, στειρώδες, 30
βασιλικόν, αρσενικόν, χερσαίον, ασελγές, ήμίφωνον. και καθόλου μεν

2 ἔσχατα α — 3 οἱ ὀφθαλμοί] αἱ ὀφρύες Aa — αἱ ὀφρύες ὁμοίως om. Aa
— 5 ψιλόν P — 6 ἔσται P — αἱ δέ A — 7 γεννώμενος P saepius — 10 ἐν om.
P — 12 γένειον P — 12 ὀφθαλμοῦ P — 15 ἀγενῶς P — 18 πράξει] τάξει a¹ —
22 ξθ' om. a — ὡς AP — 23 γνουμίν correxi, γνούμιν Aa, γνοῦμιν P —
25 ἀνατεῖ A — μηδενός] δέ addit P — 26 τῶν συγγενῶν] τῶν om. P — 27 ἀγα
θοποιοί scripsi, ἀγαθοί libri — 30 στειρώδες A

ἔστι καυματῶδες καὶ πνιγῶδες · κατὰ μέρος δὲ τὰ μὲν προηγούμενα
αὐτοῦ πνιγώδη καὶ λοιμικὰ τετραπόδων · τὰ δὲ μέσα εὔκρατα · τὰ δὲ
ἑπόμενα ἔνικμα καὶ φθοροποιά · τὰ δὲ βόρεια κινητικὰ καὶ πυρώδη · τὰ
δὲ νότια ὑγρά.

5   τῷ δ᾽ ὑπόκειθ᾽ Ἑλλάς, Φρυγίη θ᾽ ἅμα καὶ στόμα Πόντου.

κατὰ δὲ Πτολεμαῖον Ἰταλία, Γαλλία, Ἀπουλία, Φοινίκη, Χαλδαία,
Ὀρχηνία. κατὰ δὲ μέρος. ὡς ἄλλοι ἱστοροῦσι, κατὰ μὲν κεφαλὴν
Προποντίς · κατὰ τὸ στῆθος Ἑλλάς · ὑπὸ τὴν κοιλίαν Μακεδονία · τὰ
δὲ πρὸς τῇ οὐρᾷ Φρυγία. τὰ δὲ ὅρια οὕτως·

10   ἓξ δ᾽ ἐπέχει Φαέθων προτέρας μοίρας ἐνὶ τούτῳ ·
πέντε δ᾽ ἔχει Παφίη, · Φαίνων ἔχει ἑπτὰ μετ᾽ αὐτήν ·
ἓξ δ᾽ ἔχει Ἑρμείας · πυμάτας δ᾽ ἓξ ἔλλαχεν Ἄρης.

κατὰ δὲ Πτολεμαῖον Ζεὺς ἕξ, Ἀφροδίτη ἕξ, Ἑρμῆς ἑπτά, Κρόνος ἕξ,
Ἄρης πέντε. αἱ δὲ τοῦ ζῳδίου λαμπραὶ μοῖραί εἰσι α´, δ´, ε´, ις´, κ´, κς´, λ´.
15 οἱ δὲ δεκανοὶ αὐτοῦ τρεῖς · χαρχνούμις ὁ πρῶτος, ἤχη ὁ δεύ-
τερος, φούκη ὁ τρίτος. ὁ γεννώμενος οὖν ἐπὶ τοῦ πρώτου ὑπὸ ὄχλων
δορυφορεῖται καὶ ἀκουσθήσεται καὶ ἔσται ὀξὺς καὶ ἀκαταφρόνητος, εὐ-
εργετῶν τοὺς ὑποτασσομένους καὶ πολλοὺς σκεπάσει καὶ κτήσεται, εὐ-
επίφυγος δὲ διὰ γυναῖκα. τὰ δὲ σημεῖα αὐτοῦ εὐμήκης τὴν ἡλικίαν, τὸ
20 πρόσωπον ὡραῖος, ἐρυθρός, οἱ ὀφθαλμοὶ μεγάλοι, εὔρινος, αἱ κνῆμαι
λεπταί, πόνος ἔσται περὶ τὸν πόδα καὶ ἐμπνευμάτωσις αὐτῷ ἔσται. οἱ
δὲ τοῦ θεοῦ κλιμακτῆρες ἔτος α´, ια´, κγ´, λβ´, μς´, νς´, ξθ´, οβ´, οδ´,
πη´. ὁ δὲ γεννώμενος ἐπὶ τοῦ δευτέρου ἔσται δυνάστης, βασιλεύς, αὐτο-
κράτωρ ἀναγορευθήσεται καὶ πολλοὺς ὑποτάσσει· καὶ κτίσει πόλεις καὶ
25 φορολογήσουσιν αὐτῷ πολλοί, καὶ θεογνωσία ἐπ᾽ αὐτῷ καὶ εὕρεσις
χρυσοῦ καὶ ἔνθεος αὐτοῦ ἡ γνώμη καὶ ἰσόθεος τιμή. τὰ δὲ σημεῖα
εὐμεγέθης, εὐρύστερνος, ἐκ τῶν μηρῶν εἰς τοὺς πόδας ἰσχναίνεται,
λεοντόχρους τὴν χροιάν, ἡδὺς διαλεγόμενος, πόνος ἔσται αὐτῷ περὶ τὰ
νευρικά, ὁ θάνατος ὀξύς. εἰσὶ δὲ οἱ τοῦ θεοῦ κλιμακτῆρες ἔτος θ´, κα´,
30 λδ´, μς´, νβ´, ο´. ὁ δὲ ἐπὶ τοῦ τρίτου γεννώμενος τραφήσεται πλουσίως

---

2 πνιγῶδες Α — 3 βόρια P — 5 ἱλὰς P — 6 γαλία a, γαλατία P —
χαλδαία AP — 8 κατὰ τό] τό om. P — 10 προτέρας bis habet P — ἐνὶ] ἐν P
— 11 δ᾽ post Φαίνων addit cod. Matrit. — μετ᾽] μετὰ P — 12 ἔλαχεν P — 15
χαρχνούμις A¹P — ἤκη P — 16 φουκή P — 17 δωροφορεῖται: A — 18 κτίσεται P
— 20 κνῆμαι P — 21 αὐτοῦ Aa — 24 ὑποτάξει a — 25 φολολογήσουσιν a —
27 ἰσχνίνεται: P — 28 χρείαν P — ἔστιν P — 30 ταφήσεται Aa¹

καὶ ἔσται φρόνιμος, πεπαιδευμένος, πολύφιλος · σωματικὰς δὲ βλάβας
ἕξει καὶ περισφραγισμοὺς καὶ ἀγῶνας βασιλικοὺς καὶ ἐπιβουλὰς ἐξουσια-
στικάς · ὕστερον δὲ αὐτῶν περιέσται καὶ κυριεύσει κτημάτων καὶ εὐχρη-
μάτιστος ὑπὸ θεῶν καὶ ὑπὸ γυναικῶν εὐνοηθήσεται, τιμωθήσεται δὲ
περὶ τὰ ἄκρα. τὰ δὲ σημεῖα αὐτοῦ μέσος τὴν ἡλικίαν, ἐρυθρὸς τὸ 5
πρόσωπον, οἱ ὀφθαλμοὶ κεχυμένοι, ἔκλυτος περὶ τὰ γύναια. οἱ δὲ
κλιμακτῆρες ἔτος ζ΄, ιγ΄, κγ΄, μγ΄, νβ΄, ξς΄, οδ΄, πθ΄. τελευτήσει δὲ ἐπὶ
τῆς ἰδίας καὶ ταφήσεται. ὁ δὲ ἐπὶ τοῦ μεσεμβολήματος γεννώμενος
ἔσται ἀρποκρατικὸς καὶ ἐγγὺς θεῶν ἔσται. τινὲς δὲ καὶ ἄγαμοι τελευ-
τῶσιν . 10

Τὸ δὲ τῆς Παρθένου δωδεκατημόριον, ὃ καὶ αὐτὸ εἰς γαστέρα
παραλαμβάνεται, ἔστιν οἶκος καὶ ὕψωμα Ἑρμοῦ περὶ δεκαπέντε μοίρας,
ἡμερινόν, λογικόν, φωνῆεν, ἀνθρωποειδές, στειρῶδες, δίσωμον, θῆλυ,
ὑποτακτικόν, πτερωτόν. καὶ καθόλου μέν ἐστι δίυγρον καὶ βροντῶδες ·
κατὰ μέρος δὲ τὰ μὲν προηγούμενα αὐτοῦ θερμότερα καὶ φθαρτικά · τὰ 15
δὲ ἑπόμενα ὑδατώδη · τὰ δὲ βόρεια πνευματώδη · τὰ δὲ νότια εὔκρατα.

τῇ δ' ὑπο πᾶσα Ῥόδος καὶ Κυκλάδες ἄμμιγα νῆσοι
καὶ δρύες Ὠγύγιαι, ἃς Ἀρκάδες ἄνδρες ἔθεσκον,
καὶ βαθυδίνης τε μέγα ῥόος Ὠκεανοῖο
καὶ κλίμ' Ἀχαιῶν ἔσκε Λακωνίδος ἠδὲ Λακώνων. 20

κατὰ δὲ Πτολεμαῖον Βαβυλωνία, μέση Αἰθιοπία. Μέση ποταμῶν, Ἀσ-
συρία, Ἑλλάς, Ἀχαία, Κρήτη. κατὰ μέρος δὲ κατὰ μὲν τὸν νῶτον
Ἰωνία · κατὰ δὲ τὰ μέσα ἐξ ἀριστερῶν Ῥόδος, Πελοπόννησος · κατὰ
δὲ τὸ σύρμα ἐξ ἀριστερῶν Ἀρκαδία, Κυρήνη, · κατὰ τὴν δεξιὰν χεῖρα
Δωρὶς · κατὰ τὴν εὐώνυμον Σικελία · κατὰ τὸν στάχυν Περσική. ἡ δὲ 25
τῶν ὁρίων τάξις οὕτως ·

ἑπτὰ δὲ τὰς προτέρας ἔλαχε Στίλβων ἐπὶ τοῦδε
μοίρας · καὶ δέκα Κύπρις ἔχει · Φαέθων δὲ κατ' αὐτὴν
τέσσαρας. ἑπτὰ δ' Ἄρης, πυμάτας δύο ἔλαχε Φαίνων.

---

3 αὐτὼ P — 11 ὃ εἰς αὐτὸ καὶ εἰς γαστέρα Aa — 12 post οἶκος unius
voculae spatium relictum in u — 13 ἀνθρωποειδὴς A — 18 versus, qualem
dedimus, in P legitur, dum ceteri libri ἃς omittunt, Koechly vult: καὶ δρύες
ὠγυγίης ἀπο Ἀρκάδες ἄνδρες ἔδοντες — 19 βαθυδίνης P, βαθυδίνης Aa. βαθυ-
δινῆς cod. Matrit., Koechly pro βαθυδίνης τε scripsit βαθυδινήτας collato II.
Φ 195 βαθυρρείταο μέγα σθένος Ὠκεανοῖο — 20 Ἀχαιῶν Koechly — ἔσκε Koechly,
qui olim de ἄγοι cogitabat, ἔσχε libri — λακωνίδας P — 21 ἀσσυρία P — 23 πελο-
πόννησος A, πελοπόννησος P — 27 sqq. codices omnes hos versus sic exhibent:

ὁ δὲ Πτολεμαῖος οὕτως · Ἑρμῆς ἑπτά, Ἀφροδίτη ἕξ, Ζεὺς πέντε,
Κρόνος ἕξ, Ἄρης ἕξ. αἱ δὲ τοῦ ζῳδίου λαμπραὶ μοῖραι ιʹ, ιζʹ, κʹ,
κϛʹ, κθʹ. οἱ δὲ τρεῖς αὐτοῦ δεκανοί · τῷ μὲν ὁ πρῶτος, ὁ ὑωστευκώς τι
ὁ δεύτερος, ἀφέσει ὁ τρίτος . ὁ γεννώμενος οὖν ἐπὶ τοῦ πρώτου δεκανοῦ
5 ἔσται ἀγαθός, φιλόγελως, πολύφιλος, ἐν τρυφῇ διάξει ἀγύναιος διὰ τὸ
μὴ ἐπὶ μιᾶς μένειν, καὶ κηδεμονίαν αὐτὸς ποιήσεται ὁ οἰκεῖος αὐτοῦ δαίμων
καὶ τύχη. ἔσται δὲ ἐπίνοσος, τεύξεται δὲ καὶ ἰατρικῶν βοηθημάτων καὶ
μετὰ τὴν νεότητα εὐνοηθήσεται ἀπὸ γυναικὸς καὶ ἐσχάτης καλῆς τεύξε-
ται. τὰ δὲ σημεῖα αὐτοῦ τὸ μῆκος ὑψηλόν, εὔτολμος τὴν ψυχήν, τὸ
10 πρόσωπον εὐειδής, οἱ ὀφθαλμοὶ ἐπέραστοι, ἡ ῥὶς σιμὴ καὶ παχεῖα
ὀλίγον, σημεῖον ἕξει περὶ τὸν κόλπον . εἰσὶ δὲ οἱ τοῦ θεοῦ κλιμακτῆρες
ἔτος ϛʹ, ιβʹ, κγʹ, μαʹ. νζʹ, ξηʹ, οθʹ, πϛʹ. ὁ δὲ ἐπὶ τοῦ δευτέρου γεννώ-
μενος ἔσται φρόνιμος, ἀγχίνους, πεπαιδευμένος, ὀξύς, χαρίεις, ἰδιοκτήμων,
καταφρονῶν τῶν πατρῴων . ἐὰν δὲ Ἀφροδίτη συμπαθήσῃ τῷ δεκανῷ,
15 διὰ μουσικῆς καὶ ἁρμονίας εὐεργετεῖται καὶ φιλεῖται. τὰ δὲ σημεῖα
αὐτοῦ εὐπρεπής τὸ μέγεθος, τὸ πρόσωπον λεπτός, εὐλαβὴς περὶ τὰ
θεῖα. ὄνομα ἕξει μέγα, ἄρξει πολλῶν, φρόνιμος ἔσται καὶ εὐγράμματος
καὶ εὔφωνος ἔσται καὶ ἐσχάτην καλὴν ἕξει. εἰσὶ δὲ οἱ τοῦ θεοῦ κλι-
μακτῆρες ἔτος δʹ, θʹ, ιϛʹ, κβʹ, λεʹ, μγʹ, νζʹ, ξηʹ, οϛʹ, πβʹ, ϙϛʹ. ὁ δὲ ἐπὶ
20 τοῦ τρίτου γεννώμενος ἔσται πλούσιος καὶ πεπαιδευμένος, σώφρων,
δίκαιος, ἰδιοπράγμων, εὐσεβής, εὐμετάδοτος καὶ ἐπιτυχής · διὰ δὲ τέκνα
καὶ γυναῖκα λυπεῖται. ἐσχάτης δὲ καλῆς τεύξεται . τὰ δὲ σημεῖα αὐτοῦ
μέτη ἡλικία, μικροκέφαλος, εὔρινος, οὐ λείψει αὐτὸν ἄρτος ἕως θανάτου,
ὀλιγοχρόνιος ἔσται καὶ θάνατον διὰ σιδήρου ἕξει. εἰσὶ δὲ οἱ τοῦ θεοῦ
25 κλιμακτῆρες ἔτος θʹ, ιηʹ, κθʹ, λεʹ, νθʹ, ξϛʹ, οδʹ, πϛʹ. ὁ δὲ ἐπὶ τοῦ
μεσεμβολήματος γεννώμενος ἔσται ἀπρόκοπος ἢ, ἀνδράσι συνερχόμενος · εἰ
δὲ γονὴ εἴη, ἔσται τριβὰς καὶ γυναικὶ συνερχομένη καὶ ἀνδρῶν ἔργα ἐκτελεῖ.

Ἑπτὰ δὲ τὰς προτέρας [πρωτέρας Λ] ἔλαχε στίλβων ἐπὶ ταῖς μοίραις [ἐπὶ τοῦδε
omisso μοίραις vel μοίρας P] | Καὶ δίχα κύπρις ἔχει φαίδων δὲ κατ᾽ αὐτὴν τέσ-
σαρας Ἑπτὰ δ᾽ ἄρης πομάτος δύο ἔλλαχε [ἔλαχε P] φαίνων, unde primi et
secundi versus verba extrema in initio alterius et tertii hexametri collocanda
esse patet. itaque non erat, cur Iriarte et Koechly v. 28 verbum μοίρας post
ἔχει transponerent. clausulam primi versus ἐπὶ ταύτη pro ἐπὶ τοῦδε proposuerat
Koechly, qui tamen ipse praetulit πάλι ταύτης
2 τῶν ζῳδίων P — 3 τῶν Aa; decannorum series in P immutata est, cum
vocabulum τῷμ post τρίτος exstet — 6 κηδεμονίαν Aa — 7 καὶ τύχη om. Aa —
8 ἐσχάτης scripsi, ἐσχάτην? P, ἔσχατα Aa — 9 ὑψηλός a — 14 συμπαθήσει P —
15 εὐεργετεῖται P — 16 εὐπρεπής A — περὶ τὰ θεῖα τὰ om. A — 18 ἐσχάτως
a — 22 ἐσχάτως a. ἔσχατα A (?) — 23 λήψει P — 24 οἱ δὲ omisso εἰσὶν Aa

Τὸ δὲ τοῦ Ζυγοῦ δωδεκατημόριον, ὅπερ εἰς ἰσχία παραλαμβάνεται,
ἔστιν οἶκος Ἀφροδίτης. ὕψος Κρόνου περὶ εἰκοστὴν μοῖραν, ἰσημερινόν,
μετοπωρινόν, ἀνθρωποειδές, φωνῆεν, συριγγῶδες, ἀρρενικόν, κοπτόμενον
τοῖς μέλεσιν, ὑποτακτικόν. καὶ καθόλου μέν ἐστι τρεπτικὸν καὶ μετα-
βολικόν· κατὰ μέρος δὲ τὰ μὲν προηγούμενα αὐτοῦ καὶ τὰ μέσα 5
εὔκρατα· τὰ δὲ ἑπόμενα ὑδατώδη· τὰ δὲ βόρεια πνευματώδη· τὰ δὲ
νότια ἔνικμα καὶ λοιμικά.
* * * καὶ κλίμα Κυρήνης ὑπὸ χηλαῖς.
Ἰταλίη χώρη τε πέλει πλάστιγγας ὑπ' αὐτάς.
ὡς δ' ἄλλοι, Βακτριανή, Κασπειραία, Σηρική, Θηβαΐς, Ὄασις, Τρω- 10
γλοδυτική. μερικῶς δὲ, ὡς Ὠδαψὸς καὶ ἄλλοι ἱστοροῦσιν, [ὁ Ζυγός,
ὅς ἐστι Χηλαὶ τοῦ Σκορπίου,] κατὰ μὲν τὸ μέτωπον Ῥώμη καὶ τὰ
περὶ αὐτήν· μέσα Ἀραβία, Αἴγυπτος, Αἰθιοπία, Καλχηδών· ὄπισθεν
Λιβύη, Κυρήνη καὶ οἱ συνεχεῖς τόποι· δεξιὰ Σπάρτη καὶ Λιβύη.
Σμύρνη, Σύρος· κατὰ τὴν κεφαλὴν Τύρος, νῆσος Θρακῶν ἡ πάγκαρπος 15
ἡ κατὰ τὴν Ἀραβίαν κειμένη· κατὰ τὸ στῆθος Κιλικία· κατὰ τὴν κοιλίαν
Σινώπη. τὰ δὲ ὅρια οὕτως·

ἓξ δ' ὁρίων μοίρας ἔλαχεν Φαίνων ἑνὶ τούτῳ·
ὀκτὼ δὲ στίλβων ἀστὴρ μέγας Ἑρμάωνος,
ἑπτὰ δὲ Ζεὺς φαέθων. Παφίη δ' ἴσας λάχεν ἑπτά· 20
τὰς δ' ὑπολειπομένας δισσὰς λάχεν Ἄρεος ἀστήρ.

κατὰ δὲ Πτολεμαῖον Κρόνος ἕξ, Ἀφροδίτη πέντε, Ἑρμῆς πέντε, Ζεὺς
ὀκτώ, Ἄρης ἕξ. αἱ δὲ λαμπραὶ μοῖραι αὐτοῦ ιβ', ιζ', κγ', λ'. οἱ δὲ
δεκανοὶ τρεῖς· ὁ πρῶτος σουχωέ, ὁ δεύτερος πτηχούτ, ὁ τρίτος
χονταρέ. ὁ γεννώμενος ἐπὶ τοῦ πρώτου ἔσται πρόγονος καὶ διαστήσει 25
τοὺς γονεῖς καὶ ἐν ζημίαις καὶ λύπαις ἐξετασθήσεται καὶ καταλείψει τὴν
πατρίδα καὶ ἔσται μετὰ ἀλλοφύλων ἀνθρώπων καὶ πολλοὺς πόνους

1 Ζυγοῦ A in margine, κριοῦ A¹ — δωδεκατημόριον] τεταρτημόριον a —
εἰς ἰσχία] ἡσυχία P — 2 μοῖραν Pa — ἰσημερινόν] εἰς ἡμερινόν P — 3 μεθο-
πωρινόν A — 8 καὶ om. Aa — χλῆμα κορήγνης P — 10 βακτριανοί P — Κασπει-
ραία scripsi, κασπιραία libri — σηρική P — ὤασις P — τρωγλοδυτική P — 11 ὀδαψὸς
P — καὶ ἄλλοι ἱστοροῦσιν] λέγει Aa — verba ὁ Ζυγὸς — Σκορπίου uncis inclusi —
12 καὶ τᾶ] κατὰ P — 14 Λιβόη] λυδία superscr. a — 15 Σύρος scripsi, συρός A,
σύρος a, σορός P, Σμύρνης ὄρος A. Ludwich in edit. Maximi p. 116, 17 e codice
Laurentiano — τύρος P — 16 ἡ κατὰ] ἡ δὲ κατὰ P — ἀρραβίαν P — κατὰ τό]
τό om. P — 18 δὲ libri — 21 λάχεν] λάχαινα P — ἄρεως P — 24 πτηχούτ Aa
— 26 καταλήψει P

ὑποστὰς αὖθις ἐπανέρχεται εἰς τὴν πατρίδα καὶ βελτιωθήσεται καὶ ὄψεται
τέκνων προκοπάς. τὰ δὲ σημεῖα αὐτοῦ· ὄνομα δεσπότου ἕξει, τραῦμα
καὶ οὐλὴ ἔσται ἐν τῇ κεφαλῇ, πυρίκαυστος ἔσται περὶ τὴν χεῖρα καὶ
περὶ τὸν πόδα, ἐξ ὑψηλοῦ τόπου καταχρημνισθεὶς οὐ τελευτήσει. οἱ δὲ
5 κλιμακτῆρες τοῦ θεοῦ ἔτος δ΄, ις΄, κβ΄, λς΄, μθ΄, νθ΄, ξς΄, οζ΄. ὁ δὲ ἐπὶ τοῦ
δευτέρου γεννώμενος λαμπρός, πλούσιος, ἀρχοντικός καὶ ἐπὶ ἐλπίσιν
ἐκδημῶν καὶ βασιλικαῖς δωρεαῖς καὶ τιμαῖς, συμβίῳ δὲ ἀγαθῇ περι-
πίπτει ὁ τοιοῦτος καὶ τέκνων γονὰς ἕξει· εὑρέματά τε εὑρίσκει καὶ τέκνων
προκοπὰς θεωρεῖ. τὰ δὲ σημεῖα αὐτοῦ τὸ μέγεθος ἴσος, τὸ πρόσωπον
10 μέλας, ἡ θρὶξ ἀραιά, σημεῖον μέλαν ἔσται ἐπὶ τοῦ μαστοῦ καὶ ἕτερον
ἐπὶ τὴν ὀσφὺν καὶ καταπονηθήσεται ὑπ᾽ αὐτοῦ. εἰσὶ δὲ οἱ κλιμακτῆρες
τοῦ θεοῦ ἔτος δ΄, ιθ΄, κδ΄, λς΄, μα΄, νη΄, ξγ΄, οδ΄, πη΄. ὁ δὲ ἐπὶ τοῦ
τρίτου γεννώμενος ἔσται σχετλιος, εὐσήμων, πλουσιόψυχος, πολύφιλος
καὶ ἐν δημοσίαις ἀσχολίαις, ἔσται γνωστὸς ἐν τόποις πολλοῖς, εὔχρη-
15 μάτιστος ὑπὸ θεῶν, ἀκατάστατός δὲ κατὰ γυναῖκα καὶ λήψεται προ-
ειλημμένην καὶ τεκνώσει. ἔνιοι δὲ καὶ στεφανηφοροῦσι καὶ ἄρχουσι
πόλεων. τὰ δὲ σημεῖα αὐτοῦ τὸ πρόσωπον ξανθός, μῶμον ἕξει περὶ τοὺς
ὀφθαλμούς. θετὸν υἱὸν ἔξωθεν ἀναθρέψει. πόνον ἕξει περὶ τὰ νευρικά.
εἰσὶ δὲ οἱ κλιμακτῆρες τοῦ θεοῦ ἔτος α΄, θ΄, ια΄, κγ΄, λς΄, μβ΄, νθ΄, ξή,
20 οθ΄. ὁ δὲ ἐπὶ τοῦ μετεμβολήματος γεννώμενος ἕξει ἑλκώσεις ἢ σηπεδόνας
ἢ ῥευματισμοὺς καὶ τόρμιγγας ἢ καὶ ὕδερον καὶ φακώσεις καὶ βρογχοκήλας
καὶ σκιροὺς ἢ κιρσούς.

Τὸ δὲ τοῦ Σκορπίου δωδεκατημόριον. ὁ εἰς τὸ αἰδοῖον παραλαμ-
βάνεται, ἔστιν οἶκος Ἄρεως. τοῦτο δὲ τὸ κέντρον ἄσπορον καὶ πέφυκεν
25 ὀφθαλμοὺς πηροῦν ἢ ὑποχύσεις καὶ λευκώματα ποιεῖν διὰ τοὺς νεφε-
λοειδεῖς ἀστέρας τοὺς παρακειμένους ἐν τῷ Γαλαξίᾳ. καὶ ἔστι στερεόν,
θῆλυ, χερσαῖον, ἡμερινόν, σπαστικόν, ἄφωνον, κοπτόμενον τοῖς μέλεσιν,
ὑποτακτικόν, φωλιδωτόν, χορτόν, στρυγγῶδες. καὶ καθόλου μέν ἐστι
βροντῶδες καὶ πυρῶδες· κατὰ μέρος δὲ τὰ μὲν προηγούμενα αὐτοῦ
30 νιφετώδη· τὰ δὲ μέσα εὔκρατα· τὰ δὲ ἑπόμενα σεισμώδη· τὰ δὲ βόρεια
καυσώδη· τὰ δὲ νότια ἔνικμα.

---

3 οὐλὴν P — 4 ὑψηλῶν τόπων a — καταχρημνισθεὶς P — οὐ] καὶ οὐ P
— 5 ἔτος δ΄] θ΄ Aa — 8 εὑρέματά τε] καὶ εὑρέματα P — 9 ἴσος A, ἴσον P —
12 ἔτος om. P — 15 προειλημμένην προειλεγμένην P — 17 ξανθόν a — 20 οθ΄]
οζ΄ P — προηγούμενος P — σιπεδόνας AP — 21 τόρμιγγας AP — καὶ φακώσεις]
ἢ φ. P — βρογχοκήλας P, βρογγχύλας a — 22 καὶ σκιροὺς] ἢ σκιροὺς P —
25 ὀφθαλμοῦ P — 28 ὑποτασσόμενον P — φωλιδωτόν scripsi, φωλιδωτῶν Aa, φωλει-
δωτόν P — 30 νιφετώδη a — τὰ δὲ μέσα om. P

* * * * ὑπὸ δ' αὐτῷ ἔπλετο πᾶσα
Καρχηδών, Τυρίης Διδοῦς χερὶ δωμηθεῖσα,
Ἄμμωνος Λιβύη τε ὑπ' ὄμμασι Σικελίη χθών.
κατὰ δὲ Πτολεμαῖον Μεταγωνίτις, Μαυρητανία, Γαιτουλία, Συρία, Κομμαγηνή. Καππαδοκία, κατὰ μέρος δὲ ὑπόκειται ἐν τοῖς ἐμπροσθίοις ὁ
Ἰταλία · ὑπὸ τὰ μέσα Ἰβηρία καὶ οἱ συνεχεῖς τόποι · κατὰ δὲ τὸ μέτωπον
Ῥώμη καὶ Βασταρνία, τὰ δὲ ὅρια οὕτως ·

ἑπτὰ δὲ τοι μοίρας ὁρίων Πυρόεις λάχε τούτου ·
τέσσαρας τ' ὁ Παφίη, ὀκτὼ Στίλβων μετέπειτα,
πέντε Ζεὺς φαέθων, πυμάτας δ' ἓξ ἔλλαχε Φαίνων. 10

κατὰ δὲ Πτολεμαῖον Ἄρης ἕξ. Ἀφροδίτη ἑπτά, Ζεὺς ὀκτώ, Ἑρμῆς ἕξ,
Κρόνος τρεῖς. αἱ δὲ λαμπραὶ μοῖραι ζ', ι', ιδ', κ', λ'. οἱ δὲ δεκανοὶ
τρεῖς · ὁ πρῶτος ατωχνηνέ, ὁ δὲ δεύτερος ασομέ, ὁ τρίτος ασισεμέ.
ὁ γεννώμενος ἐπὶ τοῦ πρώτου ἔσται ἀγχίνους, πεπαιδευμένος, δίκαιος
καὶ διαστήσει τοὺς γονεῖς καὶ ἔσται ἐν ζημίαις καὶ τόπους ἀλλάσσει 15
καὶ ὑπακουσθήσεται καὶ τόπων κυριεύσει καὶ κτημάτων καὶ πολλὰ
χαρίζεται. ἐὰν δὲ ὁ τῆς Ἀφροδίτης ἐπιθεωρήσῃ, χρυσοῦ καὶ ἀργύρου
τεχνίτης ἤτοι χρημάτων καὶ ὑπὸ γυναικῶν εὐνοεῖται. τινὲς δὲ ἀδελφαῖς
συνέρχονται καὶ τεκνοῦσιν. τὰ δὲ σημεῖα αὐτοῦ τὸ μέγεθος ἐπέραστος,
τραῦμα ἕξει ἐν τῇ κεφαλῇ, οἱ ὀφθαλμοὶ μεγάλοι, τὰ στήθη καὶ οἱ ὦμοι 20
πλατεῖς. σημεῖον ἔσται ἐν τῷ ἀριστερῷ ποδὶ καὶ ἄλλο ἐν τῇ δεξιᾷ χειρί.
εἰσὶ δὲ οἱ τοῦ θεοῦ κλιμακτῆρες ἔτος θ', ιβ', κβ', λγ', μβ', νϛ', ξγ', ξθ',
οϛ'. πε', ϟγ'. ὁ δὲ ἐπὶ τοῦ δευτέρου γεννώμενος ἔσται μέγας, πλούσιος,
ἀρχοντικός, πεπαιδευμένος, γλυκὺς τῷ λόγῳ, σώφρων, πολλὰ δι' ἑαυτοῦ
κτώμενος, γνωστὸς πολλοῖς καὶ ὑπὸ ἐλευθέρων δουλευθήσεται, πολλῶν 25
τεχνῶν καὶ μουσικῆς μεταλαμβάνει καὶ παλαίστρας · ἔσθ' ὅτε ναύκληρος
γίνεται, ἐνίοτε δὲ καὶ στρατοπεδάρχης. ἐὰν δὲ ὁ δεκανὸς θεωρηθῇ παρὰ

---

1 αὐτῷ Koechly, αὐτὸν libri — 2 καλχηδών libri, emend. Iriarte — διδοῦς
AP — χερὶ scripsi, χειρὶ libri nostri, voculam non habet cod. Matrit. — δωμη-
θεῖσα P, δομηθεῖα Aa, δώμη θεῖα cod. Matrit., unde Iriarte Διδοῦς καὶ δώματα
θεῖα, recte Koechly δωμηθεῖσα, nisi quod ὑπ. pro χερὶ per coniecturam scripsit
— 3 τε scripsi, τ' libri, pro τε ὑπ' ὄμμασι Koechly coniecit: σὺν τ' οἴδματι —
λοβίη, AP — 4 μεταγωνίτις scripsi, μεταγωνίτης libri — μαυριτανία Pa — κομ-
μαγηνήν P, κομματγηνήν A — 7 βασταρνία scripsi, βαστερνία libri — 8 πυρόεις P
— 10 ἔλαχε P — 13 ατοχνη οἱ P — 17 ἂν P — 19 ἀτιχνοῦσιν P — 20 οἱ
ὦμοι] οἱ om. P — 21 ἔσται post ποδὶ P — 26 ἔσθ' ὅτι] καὶ addit P — 27 θεωρῇ
P — κυρᾷ] ὑπὸ P

5*

Ἄρεως, τομὰς καὶ κτύσεις καὶ σπασμοὺς περὶ τὰ ἄκρα ποιεῖ. τὰ δὲ
σημεῖα αὐτοῦ μέσος τὸ μέγεθος, κεφαλή, μεγάλη, εὔμορφος τὴν ὄψιν,
ἀστειομελής. ἔσται σημεῖον περὶ τὸν κόλπον καὶ τὴν ὀσφύν. εἰσὶ δὲ
οἱ κλιμακτῆρες ἔτος ζ΄. ια΄, κβ΄, λγ΄, μβ΄, νζ΄, ξα΄, ογ΄, πδ΄, πθ΄. ὁ δὲ
5 ἐπὶ τοῦ τρίτου γεννώμενος ἔσται ἐν ζημίαις καὶ ἀνωμαλίαις, ξενιτείαις
καὶ τύχης μετεωρισμῷ. καὶ ψυχικῶς καὶ σωματικῶς ἀρρωστήσει καὶ
ἐχθρῶν ἐπιβουλῆς πειραθήσεται. εἰς δὲ τὸ κατὰ γυναῖκα ἀκαταστατήσει·
ἤτοι γὰρ δούλαις ἢ ὑπάνδροις ἢ σίνος ἐχούσαις μίγνυται καὶ ἐπὶ τέκνοις
λυπηθήσεται. μετὰ δὲ τὴν πρώτην ἡλικίαν πολλὰ κτήσεται καὶ τόπων
10 ἄρξει καὶ ἐσχάτης καλῆς τεύξεται. ἐὰν δὲ Ἀφροδίτη ἐπιθεωρήσῃ, ἔσται
ἐπαφρόδιτος καὶ φήμας καὶ πράξεις ἕξει διὰ μουσικῆς καὶ ῥυθμῶν καὶ
χρυσοῦ καὶ ἀργύρου. τὰ δὲ σημεῖα αὐτοῦ μικρομεγέθης, μέλας,
λαίμαργος, μῶμος ἔσται περὶ τὸ σῶμα αὐτοῦ, ἐπιβουλευθήσεται καὶ
φαρμάκῳ καὶ δηλητηρίῳ τελευτήσει. οἱ δὲ κλιμακτῆρες ἔτος γ΄, θ΄, ιδ΄,
15 ιη΄, κβ΄, λα΄, μγ΄, νε΄, ξε΄, οδ΄, πγ΄, πζ΄. τὸ δὲ μετεμβόλημα ποιεῖ
ἐκβολιμαίους ὑπὸ τῶν γονέων. ἐὰν δὲ ὁ τοῦ Διὸς ἐπιθεωρήσῃ, παρα-
σκευάζει ἀνακάμψαι πρὸς τοὺς γονεῖς ἢ πρὸς ἑτέρους, οἳ τούτους
τεκνοποιοῦνται.

Τὸ δὲ τοῦ Τοξότου δωδεκατημόριον, εἰς ὃ ἀναφέρονται οἱ μηροί,
20 οἶκος τοῦ Διὸς, δίσωμον, ἄρρεν, χερσαῖον, τετράπουν, στειρῶδες, βασι-
λικόν, πτερωτόν, ἡμερινὸν καὶ ἀπὸ μέρους ἀνθρωπόμορφον, κοπτόμενον
μέλεσι καὶ ἥμισυ, φωνῆεν, συριγγῶδες. καὶ καθόλου μέν ἐστι πνευματῶδες·
κατὰ μέρος δὲ τὰ μὲν προηγούμενα αὐτοῦ δίυγρα· τὰ δὲ μέσα εὔκρατα·
τὰ δὲ ἑπόμενα πυρώδη, · τὰ δὲ βόρεια πνευματῶδη· τὰ δὲ νότια κάθυγρα
25 καὶ μεταβολικά.

ἔστρωται δ' ὑπὸ τῷδε βαθύπλουτον κλίμα Γάλλων,
καὶ Κρήτη, Κρονίδαο Διὸς τροφός, ἠδέ τε Μύσης
ἁρπαγίμης ὑμέναιος ἔπω κρατερῆς Εὐρώπης.

κατὰ δὲ Πτολεμαῖον Τυρρηνία, Κελτική, Σπανία, Ἀραβία Εὐδαίμων.
30 κατὰ δὲ Ἵππαρχον κατὰ μὲν τὴν ῥάχιν Κρήτη, Σικελία· κατὰ δὲ τὰς

---

2 μέσος scripsi, μετεὺς libri — 3 ὀσφύν A, ὀσφρὺν P — 6 ξενιτείαις P —
6 ἀρρωστήσει P — 7 εἰς δὲ τῷ P — 9 τόπων] ἄλλων addit P — 10 ἐσχάτης a —
11 πράξας P — 14 δηλητηρίῳ P — 16 ἐκβολιμαίους A — 22 φωνῆεν A, φωνῆεντ
P — ἔσται P — 26 τόδε P — βαθύπλούτων Koechly — 27 κρήτη κρονίδω P,
κρονίδαο Aa cod. Matrit., correxit Koechly — ἠδέ τε μύσης libri, ἠχί τε μύστης
vel ἠχί τε νύμφης Koechly. ego vocabulum Μύσης delere non ausus sum — 28 ἔπη
P — 29 τυρρηνία P — ἀρραβία P — 30 ὑπαρχον A — ῥάχην P — κρίτη P

πλευρά; 'Ιταλία · κατά δέ τό μέσον καί τήν κοιλίαν 'Ιβηρία. ώς δέ
'Ωδαφός καί άλλοι ίστορούσιν. τά έμπρόσθια Κρήτη καί οί συνεχείς
τόποι · άριστερά Σικελία · δεξιά Κύπρος καί 'Ερυθρά θάλασσα · κατά
δέ τούς όπισθίους πόδας Ούξιομάται. Τυρρηνοί · κατά δέ τήν ῥάχιν
Κασπιανοί καί τά περί τόν Εύφράτην έθνη, κατά τήν ούράν Μεσοπο- 5
ταμία, Καρχηδονία καί ή Λιβυκή θάλασσα · κατά δέ τήν κεφαλήν
'Ιταλία καί ό τοῦ 'Αδρία κόλπος καί οί περί αύτόν οίκοῦντες · κατά
δέ τό στήθος Συρία · κατά δέ τήν φαρέτραν 'Ατλαντικόν πέλαγος · κατά
δέ τήν κοιλίαν Τριβαλλοί, Βακτριανή, Σικελία · έπί τοίς έμπροσθίοις
ποσίν Αίγυπτος καί οί συνεχείς τόποι. τά δέ όρια ούτως · 10

> δώδεκα δέ προτέρας Φαέθων μοίρας λάχε τούτου ·
> πέντε δέ τοι Παφίη, τριτάτας Στίλβων μετά τούσδε,
> τέσσαρας 'Ερμείας έλαχεν · Φαίνων δέ τε πέντε,
> τάς δ' ύπολειπομένας Άρης λάχε δίς δύο μοίρας.

κατά δέ Πτολεμαίον Ζεύς όκτώ. 'Αφροδίτη πέντε, 'Ερμής πέντε, Κρόνος 15
έξ, Άρης έξ. αί δέ λαμπραί μοίραι δ'. ς', ι'. ιη'. κς', κθ'. οί δέ τρείς
αύτοῦ δεκανοί · ό πρώτος ῥηουώ, ό δεύτερος σεσμέ, ό τρίτος
κομμέ. ό γεννώμενος έπί τοῦ πρώτου δεκανοῦ έσται έλλειμμα, άνάλωσις,
ώς ό τοξότης άποβάλλων καί λαμβάνων καί έναντι ζηλοτυπίας. έσται
δέ θεόγνωστος καί εύχρημάτιστος καί όψεται συγγενών θανάτους καί 20
κινδυνεύσας ύπό θεών σωθήσεται. είσί δέ οί γεννώμενοι περισσομελείς
καί πολλούς θρέψουσι δι' άγαθότητα καί έσονται έγγύς μεγιστάνων · οί
δέ καί ίππιτροφοῦσιν ή έπιτροπεύουσι καί στρατηγοῦσι καί άγορανομοῦσι
καί άρχιερείς γίνονται · καί ύπό γυναικών εύνοοῦνται. τά δέ σημεία
περικαλλή, τήν ήλικίαν έχων, οί όφθαλμοί έπέραστοι, μακρά ή ῥίς, 25
εύοφρυς, σημείον περί τήν πλευράν έξει. είσί δέ οί τοῦ θεοῦ κλιμα-
κτήρες έτος ια', κβ', λα', μθ', νγ', ξγ', οζ', πς'. ό δέ έπί τοῦ δευτέρου
δεκανοῦ γεννώμενος διαστήσει τούς γονείς καί έσται έν κακοπαθείαις
καί πενίαις καί ξενιτεύσει καί ύποδραμεῖται, ούς ού προσδοκᾶ. καί

---

1 ίβηρία P — ώς δέ 'Ωδαφός] ῶν ύδαφός P — 2 κρήτη P — 3 δεξιά P —
4 ῥάχην P — 5 Κασπιανοί scripsi, κασκάνιοι Aa, καί σκάνιοι P — 6 καί ante
Καρχηδονία addit P — λυβικὴ P — 8 κατά δέ] δέ om. P — 9 τριβαλοί P —
βακτριανοί a — 12 τριτάτας scripsi, τρίτας APa, cod. Matrit., τρίτατος Koechly
— 13 λάχε Aa — 14 ύπολειμένας P — 18 κομέ P — έλλημα P, έλλειμα a —
άνάλωσιν P — 19 ζηλοτοπίας P — 23 ύποτροφούσιν P — 25 περικαλείς P —
έχων om. P — 26 αί όρυς P — 27 μθ'] μς' P — δευτέρου] ἑτέρου P —
28 έστίν P — ξενιτεύσει P — 29 προδοκᾳ P

ψυχικὸν μετεωρισμὸν ἕξει, ὑπὸ δὲ συμβίου συνοηθήσεται καὶ τομῆς
πεῖραν ἕξει καὶ αἱματορόῦ. εἰ δέ τις τῶν ἀγαθοποιῶν ἐπιμαρτυρήσῃ, τὰ
κακὰ διαλύσει καὶ προβαινούσης τῆς ἡλικίας ἔσται βελτίων. πράττει δὲ
τέχνας διὰ χρυσοῦ καὶ ἀργύρου ἢ χρημάτων. τὰ δὲ σημεῖα αὐτοῦ τὸ
5 πρόσωπον ὠχρός, αἱ ὀφρύες πλατεῖς, σημεῖον ἐπὶ τῶν στηθῶν αὐτοῦ
εὑρεθήσεται, ὁ νῶτος αὐτοῦ ἄσαρκος ἔσται. εἰσὶ δὲ οἱ τοῦ θεοῦ κλιμα-
κτῆρες ἔτος ια΄, ιθ΄, κα΄, λβ΄, μς΄, να΄, ξα΄, οβ΄. πς΄, qα΄. ὁ γεννώμενος
ἐπὶ τοῦ τρίτου τραφήσεται ὡς πλούσιος καὶ ἔσται ἐκ μεγάλων γονέων,
ὀξύς, πεπαιδευμένος καὶ δημοσιεύσει καὶ κύριος ἔσται ζωῆς καὶ θανάτου
10 καὶ ἐγγὺς βασιλέων ἔσται καὶ ἐπιτροπεύσει βασιλικῶν προσταγμάτων καὶ
στρατευμάτων. ἐὰν δὲ ὁ δεκανὸς μαρτυρηθῇ παρὰ Διός, ποιεῖ ἡγεμόνας,
βασιλέων διαδόχους, πόλεις ὑποτάσσοντας. ἐὰν δὲ ὁ δεκανὸς μαρτυρηθῇ
παρὰ Κρόνου ἢ Κρόνου μοῖρα ἀνατέλλῃ, ἀποστάσεις ὄχλων καὶ χρη-
μάτων ἀποβολὴν ποιεῖ καὶ ἀκαταστασίαν καὶ ἔχθρας καὶ ἐπιβουλὰς
15 δουλικάς. τὰ δὲ σημεῖα αὐτοῦ τὸ μῆκος μακρόν, τὸ πρόσωπον ἐπέραστος,
ὁ ἀριστερὸς ὀφθαλμὸς ὑποκέχυται, τὰ στήθη εὐρύτερα, εὔτολμος τὴν
ψυχήν, σημεῖον ἕξει περὶ τὴν ἀριστερὰν κνήμην. εἰσὶ δὲ οἱ τοῦ θεοῦ
κλιμακτῆρες ἔτος ια΄, κς΄, λς΄, μβ΄, να΄, ξς΄, οβ΄. ὁ δὲ θάνατος ὀξύς.
τὸ δὲ μεσεμβόλημα ποιεῖ ἐν νέᾳ ἡλικίᾳ ἐπίφονον. ἐὰν δὲ θηλείας ἢ τὸ
20 θέμα, ἔσται ἐν ἑταιρίᾳ καὶ πολυκοινίᾳ καὶ μεγάλῳ ἀνδρὶ συγκοιμηθεῖσα
φιληθήσεται καὶ ἔσται σὺν αὐτῷ ἀπαλλαγεῖσα τοῦ προτέρου βίου καὶ
ἐσχάτης καλῆς τεύξεται.

Τὸ δὲ τοῦ Αἰγοκέρωτος δωδεκατημόριον, ὃ εἰς γόνατα παρα-
λαμβάνεται, οἰκός ἐστι Κρόνου, ὕψος Ἄρεως περὶ εἴκοσιν ὀκτὼ μοίρας,
25 τροπικόν, χειμερινόν, θηλυκόν, ἡμερινόν, στειρῶδες, ὑποτακτικόν, ἀμφί-
βιον, διφυές, ἡμίφωνον. καὶ καθόλου μὲν ἐστι κάθυγρον· κατὰ μέρος
δὲ τὰ μὲν προηγούμενα αὐτοῦ καυσώδη καὶ φθαρτικά· τὰ δὲ μέσα
εὔκρατα· τὰ δὲ ἑπόμενα ὄμβρων κινητικά· τὰ δὲ βόρεια καὶ νότια
κάθυγρα καὶ φθαρτικά.

30   τῷ δ' ὑπὸ Κιμμερίῃ τέταται χθὼν ἡ πανέρημος.

2 ἀγαθῶν P — 3 καὶ om. Aa, sed habent τι post προβαινούσης — ἔσται
om. Aa — 9 κύρος a — 10 καὶ ante βασιλέων addit P — 12 πόλεις) πολλ. P
— 13 ἀνατέλλει A¹ — γὰρ οὕτως ἢ, ante ἀποστάσεις addit P — καὶ ante ἀποβολὴν
addit AP — 20 πολυκοινίᾳ P — 21 πρῶτου P — 25 χειμερινόν P — 29 ὄμβρων)
.. βρον P — 30 κιμμερίη, cod. Mutr., κιμερίη libri — τίταται P, τίταται a,
cod. Matrit.; in cod. Matrit. versus cum tribus sagittaria signi hexametris male
coniunctus est, quod non perspexerunt editores

κατὰ δὲ Πτολεμαῖον Ἰνδική, Ἀριανή, Γεδρωσία, Θράκη, Μακεδονία,
Ἰλλυρίς. ὡς δὲ ἄλλοι ἱστοροῦσιν, ὑπόκειται αὐτῷ τὰ πρὸς ἑσπέραν
καὶ μεσημβρίαν· κατὰ δὲ τὰς πλευρὰς Αἰγαῖον πέλαγος καὶ οἱ περιοικοῦντες
καὶ Κόρινθοι· κατὰ τὴν ζώνην καὶ τὸν νῶτον ἡ Μεγάλη Θάλασσα·
κατὰ τὴν οὐρὰν Ἰβηρία· κατὰ τὴν κεφαλὴν Κιλληνία, Τυρρηνία· κατὰ
τὸ στῆθος Τυρρηνικὸν πέλαγος· κατὰ τὴν κοιλίαν μέση Αἴγυπτος,
Συρία, Καρία. τὰ δὲ ὅρια οὕτως·

    ἑπτὰ δὲ τὰς πρώτας ἔλαχεν Στίλβων πάλι μοίρας·
    ἑπτὰ δὲ τοι Φαέθων, δὶς τέσσαρας ἡ Κυθέρεια.
    Φαίνων δὶς δύ᾽ ἔχει, πυμάτας δ᾽ Ἄρης ἴσα τούτῳ.   10

κατὰ δὲ Πτολεμαῖον οὕτως· Ἀφροδίτη ἓξ, Ἑρμῆς ἓξ, Ζεὺς ἑπτά,
Κρόνος ἓξ, Ἄρης πέντε. αἱ δὲ τοῦ ζῳδίου λαμπραὶ μοῖραι ϛ᾽, ιθ᾽, κ᾽,
κδ᾽, λ᾽. οἱ δὲ τρεῖς αὐτοῦ δεκανοί· ημὰ ὁ πρῶτος, ηρω ὁ δεύτερος,
ηρω ὁ τρίτος. ὁ γεννώμενος ἐπὶ τοῦ πρώτου ἔσται πρωτότροφος ἢ
πρωτότοκος, φρόνιμος, βαιός, πεπαιδευμένος, ἀγαθός, εὐπαρρησίαστος 15
καὶ ὑποτάσσει τοὺς ἐχθρούς. ὑπὸ δὲ τῶν ἰδίων κινδυνεύσας σωθήσεται
καὶ ἐν πολλαῖς ζημίαις ἔσται ἐν τῇ πρώτῃ ἡλικίᾳ, εἰς δὲ γυναῖκα
ἀκαταστατήσει. ἐὰν δὲ ὁ τοῦ Διὸς ἐπιμαρτυρήσῃ, τῷ δεκανῷ, ἀγαθοὺς
χρόνους ἕξει καὶ εὑρήματα εὑρήσει καὶ κυριεύσει πολλῶν καὶ ἐσχάτης
καλῆς τεύξεται. τὰ δὲ σημεῖα αὐτοῦ τὸ μῆκος μακρόν. τὰ στήθη 20
εὐρύτερα, περιπατοῦντα ἐν ὁδοῖς τὰ νευρικὰ αὐτοῦ κινεῖται, σημεῖον
μέλαν ἕξει περὶ τὴν μασχάλην. εἰσὶ δὲ οἱ τοῦ θεοῦ κλιμακτῆρες ἔτος
α᾽, ζ᾽, θ᾽, ια᾽, ιζ᾽, κβ᾽, λα᾽, μβ᾽, νϛ᾽, ξγ᾽, οβ᾽, πα᾽, πθ᾽. ὁ δὲ ἐπὶ τοῦ
δευτέρου γεννώμενος διαστήσει τοὺς γονεῖς θανάτῳ καὶ τὰ αὐτῶν
μειώσει καὶ ἐν ζημίαις καὶ ἐνστασίαις ἔσται καὶ μετὰ μεγάλων ἀνδρῶν 25
ἀνατραφήσεται ποικίλως ὢν τοῖς ἤθεσι καὶ δι᾽ ὑγρῶν τὸ ζῆν ἔχων.
ἀκαταστατήσει δὲ πρὸς γυναῖκα ἢ καὶ βραδυγαμήσει καὶ διαβληθήσεται
ἐπὶ ὑπάνδροις καὶ χήραις καὶ δούλαις· μετὰ δὲ τὴν πρώτην ἡλικίαν
ὠφεληθήσεται παρὰ γυναικὸς καὶ ἐσχάτης καλῆς τεύξεται. τὰ δὲ σημεῖα
αὐτοῦ ὡραίος τὸ μῆκος καὶ μακρός, εὐπρεπὴς τὴν ὄψιν, ἡ ῥὶς ὑψηλή, 30
οἱ ὀφθαλμοὶ ἐνίδουσι, ἀλλὰ κακοήθης καὶ θερμὸς καὶ πονηρός. οἱ δὲ

2 Ἰλλυρὶς P — 3 μεσημβρίαν P — 5 Ἰβηρία P — τυρηνία P — 6 τυρρηνι-
κὸν P — 8 δὲ addidi, om. libri — ἔλαχεν scripsi, ἔλαχε libri — πάλιν AP —
9 τοι] τι A — 10 δύο P — ἴσας a, cod. Matr., pro quo λάχε Iriarte — 16 ἰδίων
ἴδιος P — 17 ζημίαις πολλαῖς P — 18 ἐπιμαρτυρήσῃ P — 19 εὑρήσει Aa —
21 εὐρύτερα P — 26 ἀνατραφήσεται Aa — ποικίλος P — 27 ἀκαταστήσει P —
διαβληθήσεται scripsi, διαβληθήσει libri — 31 ἐν ἡδονῇ Aa

κλιμακτήρας ἔτος ϛ'. θ'. ια', κβ', λα'. μα'. νβ', ξγ'. οϛ'. πα'. ὁ δὲ ἐπὶ
τοῦ τρίτου γεννώμενος ἔσται ἐκ μεγάλων γονέων καὶ εὐγενῶν καὶ τρα-
φήσεται πλουσίως καὶ πιστευθήσεται πολλὰ καὶ ἔσται πεπαιδευμένος
καὶ πολύφιλος, ὀξύς, μισοπόνηρος, ἀσελγής, εὐμετάβλητος · ἀκαταστατήσει
5 δὲ κατὰ γυναῖκα καὶ ὕστερον εὐνοηθήσεται ὑπ' αὐτῆς καὶ πολλὰ κτήσε-
ται καὶ κυριεύσει πολλῶν. τὰ δὲ σημεῖα αὐτοῦ ὠχρὸς ἔσται, σημεῖον
ἕξει περὶ τὸν ἀριστερὸν ἀγκῶνα καὶ περὶ τοὺς μηροὺς τάσεις καὶ ὀλίγον
χρόνον βιώσεται. εἰσὶ δὲ οἱ τοῦ θεοῦ κλιμακτῆρες ἔτος δ', ζ', ια', κβ',
λγ', μϛ', νθ', ξγ', οβ'. ὁ δὲ θάνατος ἐπὶ ξένης ἔσται. τὸ δὲ μεταεμβόλημα
10 ποιεῖ ἐκβολιμαίους καὶ θηριοβρώτους.

Τὸ δὲ τοῦ Ὑδροχόου δωδεκατημόριον, ὃ εἰς κνήμας παρα-
λαμβάνεται, οἶκός ἐστι Κρόνου, ἀρσενικόν, στερεόν, φωνῆεν, λογικόν,
νυκτερινόν, ἀνθρωπόμορφον. καὶ καθόλου μέν ἐστι ψυχρῶδες καὶ
ὑδατῶδες · κατὰ μέρος δὲ τὰ μὲν προηγούμενα αὐτοῦ κάθυγρα · τὰ δὲ
15 μέσα εὔκρατα · τὰ δὲ ἑπόμενα πνευματώδη, · τὰ δὲ βόρεια καυσώδη, · τὰ
δὲ νότια νιφετώδη. ὑπόκειται δὲ αὐτῷ < κλίμα ╲ τῆς Αἰγύπτου καὶ
ἡ Μέση τῶν ποταμῶν, Σαυρομ ατική, Ὀξυανή, Σουγδιανή, Ἀραβία,
Ἀζανία, Γερμανική. κατὰ μέρος δὲ ὑπόκειται αὐτῷ κατὰ μὲν τὴν
ἀριστερὰν χεῖρα καὶ τὸ στῆθος Συρία · ὑπὸ δὲ τὴν δεξιὰν Εὐφράτης
20 καὶ Τίγρις · κατὰ τὴν ὑδροχόην Τάναϊς καὶ οἱ πρὸς νότον καὶ ζέφυρον
ῥέοντες. τὰ δὲ ὅρια οὕτως ·

ἑπτὰ δὲ τὰς προτέρας Ἑρμῆς λάχεν · εἶτα μετ' αὐτόν
ἓξ μοίρας Κύπρις, Φαέθων μετέπειτα λάχ' ἑπτά ·
πέντε δὲ θοῦρος Ἄρης, πομπαῖος δὲ Κρόνος λάχε πέντε.

25 κατὰ δὲ Πτολεμαῖον Κρόνος ἕξ, Ἑρμῆς ἕξ. Ἀφροδίτη ὀκτώ, Ζεὺς
πέντε, Ἄρης πέντε. αἱ δὲ λαμπραὶ μοῖραι αὐτοῦ ια', ιζ', κ', κϛ', κθ'.
οἱ δὲ τρεῖς αὐτοῦ δεκανοί · πτιὰν ὁ πρῶτος, αεο ὁ δεύτερος, πτηβυου
ὁ τρίτος. ὁ γεννώμενος ἐπὶ τοῦ πρώτου ἔσται μέγας, πλούσιος, πεπαι-

---

2 καὶ εὐγενῶν om. P — 7 μηροὺς P — τάσις Aa — ὀλιγοχρόνιον a —
10 θηριοβρώτους Aa — 12 ἔσται P — 16 κλίμα inserui ex anecdoto Ludwichiano
(in Maximi editione p. 118, 9) — 17 post ποταμῶν intercidisse quaedam verba
suspicatur A. Ludwich l. c. p. 118, 10; certe verba κλίμα ... ποταμῶν e
Dorothei carmine, ni fallor, sumpta sunt, reliqua e Ptolemaeo; sed ipsum
Hephaestionem utriusque scriptoris verba in unam sententiam conflasse veri-
simile est — ὀξυανή, P — ἀρραβία P — 18 κατὰ μὲν .. καὶ τὸ om. P —
20 τίγρις P — εὔφυρον P — 26 καὶ αἱ λαμπραὶ μοῖραι P — 27 πτιὰν P —
πτηβυου P — 28 ὁ δὲ P

δεηομένος, πολύφιλος, παρρησιαστικός, μισοπόνηρος, δικαιοκρίτης. καὶ πολλοὶ ἐπ' αὐτὸν καταφεύγουσι διὰ τὸ δίκαιον αὐτοῦ, καὶ εἰκόνων καὶ ἀνδριάντων ἀξιωθήσεται· καὶ ὑπὸ γυναικὸς εὐνοηθήσεται, ὄψεται δὲ θανάτους τέκνων. τὰ δὲ σημεῖα αὐτοῦ τὸ πρόσωπον κεκερασμένον, σημεῖον εὑρεθήσεται περὶ τὸ στῆθος ἢ περὶ τὸν ἀριστερὸν πόδα καὶ 5 περὶ τὴν πλευράν, οἱ δάκτυλοι τῶν ποδῶν αὐτοῦ ἐπικαμπεῖς. εἰσὶ δὲ οἱ κλιμακτῆρες ἔτος ζ', ια', ιθ'. κβ', λα', νζ', ξβ', ος', πα', ϙβ'. ὁ γεννώμενος ἐπὶ τοῦ δευτέρου κακοπαθήσει σωματικῶς καὶ ὅλως βιωτικῶς, ἐγκλήματα ἕξει καὶ φαρμακοποιίας καὶ συκοφαντίας καὶ ὑπὸ τῆς κεφαλῆς κινδυνεύσει· καὶ χρημάτων ἀποβολὴν καὶ ἐμπρήσεις καὶ ναυαγίας ἕξει 10 καὶ ἀκαταστατήσει εἰς τὰ κατὰ γυναῖκα. ταῦτα ἕξει ἐν τῇ πρώτῃ ἡλικίᾳ· ὕστερον δὲ ἐν ἀναπαύσει γίνεται πολλὰ κτησάμενος. τὰ δὲ σημεῖα αὐτοῦ οὐ πάνυ εὐμεγέθης, μέλας τὸ χρῶμα ἐπ' ἀγαθῷ τῷ οἴκῳ, ἐν ᾧ ἐγεννήθη, σημεῖον ἔσται περὶ τὴν ὀσφὺν καὶ ὑπὸ τὴν μασχάλην καὶ περὶ τὰ στήθη, καὶ οἱ δάκτυλοι τῶν ποδῶν αὐτοῦ δυσταλ- 15 μένοι. οἱ δὲ τοῦ θεοῦ κλιμακτῆρες ἔτος ιβ', κϛ', λγ', μδ', νϛ', ξε', ογ', πδ', ϙε'. ὁ δὲ ἐπὶ τοῦ τρίτου γεννώμενος ἐκ θεῶν σπαρήσεται καὶ ἔσται μέγας καὶ μετὰ θεῶν θρησκευθήσεται· καὶ ἔσται κοσμοκράτωρ καὶ πάντα αὐτῷ ὑπακούσεται. ἔσται δὲ ταῦτα. ἐὰν καὶ ἀγαθοποιοὶ ἐπιμαρτυρήσωσι τῷ τόπῳ ἄνευ κακῶν παρουσίας. ἔσται δὲ αὐτοῦ τὰ 20 σημεῖα τὸ μῆκος οὐ πάνυ μακρόν, κιρρός καὶ ὑπόξανθος τὴν ὄψιν, σημεῖον ἕξει ἐπὶ τοῦ δεξιοῦ ὤμου καὶ ὑπὸ τὴν μασχάλην. οἱ δὲ κλιμακτῆρες ἔτος β', ϛ'. θ', ιβ', κα', μβ', να', ξδ', οδ', π'. ὁ δὲ ἐπὶ τοῦ μεσεμβολήματος γεννώμενος ἔσται τερατώδης. ἐκβολίμαιος οἷον σατυρίσκος ἢ Ἑρμαφρόδιτος, ὁλόλευκος, δίδυμος ἢ δικέφαλος. 25

Τὸ δὲ τῶν Ἰχθύων δωδεκατημόριον, ὃ εἰς πόδας καὶ βάσιν παραλαμβάνεται, ἔστιν οἶκος Διός, ὕψωμα Ἀφροδίτης περὶ εἴκοσι μοίρας, δίσωμον, θηλυκόν, γόνιμον, νυκτερινόν, νηκτόν, συρυγῶδες, φωλιδωτόν, κοπτόμενον, πτερωτόν, ἄφωνον. καὶ καθόλου μέν ἐστι ψυχρὸν καὶ πνευματῶδες· κατὰ μέρος δὲ τὰ μὲν προηγούμενα αὐτοῦ εὔκρατα· τὰ 80 δὲ μέσα κάθυγρα· τὰ δὲ ἑπόμενα καυσώδη, τὰ δὲ βόρεια πνευματώδη·

4 κεκράσμενον P — 9 φαρμακοποσίας Aa — 12 δ' ἐν a, δ' A — 15 καὶ om. a, οἱ om. A — διεσγραμμένοι a' — 19 ἐὰν καὶ] καὶ om. Aa — 21 οὗ om. Aa — κιρρός correxi, κηρρὸς P — ξανθός A, ξανθόν a — 22 ἐπὶ] ὑπὸ A, ὑπὸ τὸν δεξιὸν ὤμον a — 21 να'] νξ' P — 24 ἐκβολιμαῖος P — 28 δίσωμον P — γόνιμον P — νηκτόν P — φωλιδωτὸν scripsi, φωλιδωτόν AP, φολιδωτόν a — 29 καὶ πνευματῶδες] κατὰ πν. P — καὶ τὰ μέρος P — 80 τὰ δὲ βόρεια πνευματώδη om. a

6

τὰ δὲ νότια ὑδατώδη, ὑπόκειται δ' αὐτῷ ἡ Ἐρυθρὰ θάλασσα ἕως τῶν Ὠκεανοῦ ῥοῶν, Φαζανία. Νασαμωνίτις, Λυδία, Κιλικία, Παμφυλία. κατὰ μέρος δὲ κατὰ μὲν τὸ νότιον Μεσοποταμία καὶ κατὰ τὸν νῶτον τῆς Ἀνδρομέδας. κατὰ δὲ τὸ βόρειον . . . . κατὰ μὲν τὸν
5 Ὑδαφὸν τὰ ἐμπρόσθια Εὐφρατσία καὶ Τίγρις· καὶ τὰ μέσα Συρία καὶ Ἐρυθρὰ θάλασσα, Ἰνδική, μέση Περσίς· καὶ ὑπὸ τὸν νῶτον Ἀραβική, θάλασσα καὶ Βορυσθένης· κατὰ δὲ τὸν σύνδεσμον τοῦ βορείου Θράκη, τοῦ νοτίου Ἀσία καὶ Σαρδώ. τὰ δὲ ὅρια οὕτως·

δώδεκα δὲ προτέρας ⟨ μοίρας ⟩ λάχε Κύπρις ἅπασας·
10 δὶς δὲ δύω Φαέθων, Στίλβων τρεῖς, ἐννέα Θοῦρος,
τὰς δ' ὑπολειπομένας δισσὰς Φαίνων λάχε μοίρας.

κατὰ δὲ Πτολεμαῖον Ἀφροδίτη ὀκτώ. Ζεὺς ἕξ. Ἑρμῆς ἕξ. Ἄρης πέντε, Κρόνος πέντε. αἱ δὲ λαμπραὶ αὐτοῦ μοῖραι ζ'. ιε', κ', κγ', κε', λ'. οἱ δὲ τρεῖς αὐτοῦ δεκανοί· ὁ πρῶτος ἀβίου, ὁ δεύτερος χονταρι.
15 ὁ τρίτος πειβιου. ὁ γεννώμενος ἐπὶ τοῦ πρώτου ἔσται μέγας καὶ ὄχλοις ὑφ' αὑτὸν ἕξει, ἔσται δὲ μονόκονος, τοὺς ὑποτασσομένους εὐποιῶν. λυπηθήσεται δὲ ἐπὶ τέκνοις, θεοσεβὴς δὲ ἔσται καὶ εὐχρηματιστος καὶ κινδυνεύσει τῷ τραχήλῳ καὶ ἐκφεύξεται. τινῶν αἱ γυναῖκες ἀποστεροῦνται, διεκδραμὼν δὲ τοὺς τοῦ δεκανοῦ ἀνωμαλίας ἀγαθοὺς καιροὺς ἕξει καὶ
20 ὑπὸ γυναικὸς εὐνοηθήσεται καὶ τεκνώσει. τὰ δὲ σημεῖα αὐτοῦ εὐμήκης τὴν ἡλικίαν, τὸ πρόσωπον εὐειδής, τοὺς ὤμους εὐρύς, καὶ βαδίζοντος αὐτοῦ ψόφος ἐκ τῶν νεύρων ἀκούεται, σημεῖον ἕξει ὑπὸ τὴν μασχάλην καὶ τοὺς πόδας. εἰσὶ δὲ οἱ τοῦ θεοῦ κλιμακτῆρες ἔτος ιβ'. κβ'. κε', κς'. λγ', μβ', νβ', ξδ'. ογ', πβ'. ὁ δὲ ἐπὶ τοῦ δευτέρου γεννώμενος τρα-
25 φήσεται πλουσίως καὶ διαστήσει τοὺς γονεῖς καὶ τὰ αὐτῶν μειωθήσεται καὶ δι' ἑαυτοῦ κτήσεται πολλά· ἔσται γὰρ ἐμπορικός πώς τις καὶ περίκτητος καὶ φιλάνθρωπος καὶ πεπαιδευμένος, εἰδὼς καὶ τὰ οὐράνια καὶ ἄγυρος, καὶ πιστεύσει καὶ πιστευθήσεται καὶ ἀποστερηθήσεται ἀπὸ φίλων καὶ γαμήσει γυναῖκα, ἣν καὶ ἐκβαλεῖ ἐπιβουλευθεὶς παρ' αὐτῆς.

2 post ῥοῶν aliquid intercidisse suspicantur A. Ludwich l. c. p. 118. 19; videntur Dorothei et Ptolemaei verba coniuncta esse, cf. p. 64 — φαζανία P — vasamonitis libri — 4 post βόρειον lacunae signum posui, cf. prolegomena p. 35 — 5 ὑδραφεια P — 6 ὑπὸ τῶν P — ἀραβική, P — 7 βορυσθένης P — βορίου P — 8 σαρδῶ P — 9 μοίρας addidi, om. libri — 13 μοῖραι αὐτοῦ P — 14 ὁ πρῶτος ἀβίου scripsi, ὁ ἀβίου ὁ πρῶτος Aa, ὁ πρῶτος βίου P — γονταρι P — 15 πειβίου ὁ τρίτος P — 17 ἔσται καὶ] καὶ om. Aa — 21 βαδίζοντι αὐτῷ Aa — 24 δί om. P — 29 καὶ ἐκβαλεῖ om. Aa — ἐκβουλευθεὶς Aa — αὐτῇ A, ἑαυτοῦ a

67

ἕξει δὲ πολλοὺς ἐχθρούς, οὓς καὶ ἐπόψεται. εἰ δὲ ἀγαθὸς ἐπίδῃ ἀστήρ, γαμήσει καλὴν γυναῖκα καὶ εὐσταθὴς ἔσται καὶ καλοῦ τέλους τεύξεται. τὰ δὲ σημεῖα αὐτοῦ τὸ μέγεθος οὐ πάνυ ὑψηλόν, εὐπρεπής, ἡ θρὶξ μέλαινα καὶ ἀραιά, σημεῖον ἕξει περὶ τὸν δεξιὸν αὐτοῦ πόδα καὶ περὶ τὸν ὀμφαλόν. εἰσὶ δὲ οἱ τοῦ θεοῦ κλιμακτῆρες ἔτος δ', ζ', ι', ιϛ', κ', 5 λα', μβ', να', ξα', ξθ', οβ', οζ', οθ'. ὁ δὲ ἐπὶ τοῦ τρίτου γεννώμενος ἔσται κεχαριτωμένος καὶ πεπαιδευμένος, πολύφιλος, τροφητής· ἕξει δὲ τινὸς ἐν τῷ σώματι καὶ ὄψεται θάνατον οἰκείων καὶ γυναικός· ἕξει δὲ τὸ ζῆν ἐν ποταμοῖς καὶ θαλάσσῃ, καὶ τὰ τῶν γονέων μειώσει· φιλονεικήσει δὲ πρὸς ὑπερέχοντας καὶ γαμήσει προβεβηκυῖαν. εἰ δὲ ἐπιθεωρήσει 10 ἀγαθοποιός, πολλὰ κτήσεται καὶ ἀναλώσει εἰς τροφήν. τὰ δὲ σημεῖα αὐτοῦ ξανθοειδὴς ἔσται καὶ αἰλουρόφθαλμος. οἱ δὲ κλιμακτῆρες τοῦ θεοῦ ἔτος β', ϛ', θ', ιβ', κα', λα', μβ', να', ξζ', οδ', π'. ὁ δὲ θάνατος ὀξύς. ἐπὶ δὲ τοῦ μεσεμβολήματος ὁ γεννώμενος αὐτόχειρ ἑαυτοῦ ἔσται ἢ καὶ ποτίμῳ φαρμάκῳ τελευτήσει ἢ καὶ ἀπάξεται ἢ καταχρημνισθή- 15 σεται ἢ θηρίων βορὰ ἔσται ἢ ἀποκεφαλισθήσεται καὶ οὐδὲ ταφῆς ἀξιοῦται. οἱ δὲ αὐτοῦ κλιμακτῆρες τὸ πρὸ αὐτοῦ.

II. Περὶ δυνάμεως τῶν ἑπτὰ πλανωμένων.

Ἀκόλουθον ἂν εἴη προσλαβεῖν περὶ τῆς τῶν ἑπτὰ πλανωμένων δυνάμεως· πρὸς γὰρ ταύτην καὶ ἡ τῶν ἀπλανῶν ἀναφέρεται. ὁ μὲν οὖν 20 Ἥλιος κατείληπται θερμαίνων καὶ ξηραίνων· ἡ δὲ Σελήνη ὑγραίνει καὶ πεπαίνει, ὥσπερ τὰ σώματα μετὰ τοῦ ἠρέμα θερμαίνειν· ὁ δὲ Κρόνος καταψύχει καὶ ἠρέμα ξηραίνει· ὁ Ἄρης ξηραίνει μάλιστα καὶ καίει· ὁ δὲ Ζεὺς εὔκρατον ἔχει τὸ ποιητικὸν θερμαίνων ἅμα καὶ ὑγραίνων· καὶ ὁ τῆς Ἀφροδίτης δὲ τῶν αὐτῶν ἐστι κατὰ τὸ εὔκρατον ποιητικός· ὁ δὲ 25 τοῦ Ἑρμοῦ ποτὲ μὲν ξηραντικός, ποτὲ δὲ ὑγραντικός. τούτων δὲ ἀγαθοποιοὶ μέν εἰσι Ζεύς, Ἀφροδίτη, Σελήνη· κακοποιοὶ δὲ Κρόνος, Ἄρης· μέσοι δὲ Ἥλιος καὶ Ἑρμῆς. καὶ ἀρρενικοὶ μὲν Ἥλιος, Κρόνος, Ζεύς, Ἄρης· θηλυκοὶ δὲ Σελήνη, Ἀφροδίτη· ὁ δὲ τοῦ Ἑρμοῦ ἐπίκοινος. ἔτι μὴν καὶ παρὰ τοὺς τοῦ Ἡλίου σχηματισμοὺς ἀρρενοῦνται καὶ 30

1 ἐπόψει P — 2 καλοὺς P — 5 τοῦ θεοῦ] τούτου Aa — ζ' om. P — 6 γεννώμενος om. Aa — 8 ὄψεται δὲ P — οἰκείον P — 10 προβεβηκυῖαν P — 12 τοῦ θεοῦ] τούτου Aa — 13 π'] κα' P — 15 ποτίμῳ Aa — 17 δὲ om. P — 19 προλαβεῖν P — 20 verbis ὁ μὲν οὖν Ἥλιος κατ.. finitur fol. 52v codicis P, cuius sex folia sequentia desunt — 21 ἔτι inserui e Ptolemaeo

θηλόνονται · ἐν μὲν γὰρ τοῖς ἀπ' ἀνατολῆς μέχρι μεσουρανήσεως ἢ
ἀπὸ δύσεως μέχρι τῆς ὑπὸ γῆν ἀντιμεσουρανήσεως σχηματισμοῖς ὡς
Ἀπηλιωτικοῖς ἀρρενοῦσθαι σημαίνει · ἐν δὲ τοῖς λοιποῖς δυσὶ τεταρτη-
μορίοις ὡς Λιβυκοῖς θηλόνεσθαι. καὶ ἡμερινοὺς δὲ εἰρήκασιν Ἥλιον,
5 Κρόνον, Δία · νυκτερινοὺς δὲ Σελήνην, Ἀφροδίτην, Ἄρεα · ὁ δὲ τοῦ
Ἑρμοῦ ἐπίκοινος.

III. Περὶ τῆς τῶν ἀπλανῶν ἀστέρων δυνάμεως.

Κατείληπται δὲ καὶ ἡ τῶν ἀπλανῶν δύναμίς τε καὶ φύσις κατὰ
τὸ ὅμοιον τοῖς πλανωμένοις ὑποσημαινόντων τῷ χρώματι, καθὼς οἱ
10 ἀρχαῖοι καὶ ὁ θεῖος Πτολεμαῖος ἐκτίθεται. τοῦ Κριοῦ οἱ ἐν τῇ κεφαλῇ
τὸ ποιητικὸν ἔχουσι κεκραμένον τῇ τε τοῦ Ἄρεως καὶ τῇ τοῦ Κρόνου
δυνάμει · οἱ δὲ ἐν τῷ στόματι τῇ τοῦ Ἑρμοῦ καὶ ἠρέμα τῇ τοῦ Κρόνου ·
οἱ δὲ ἐν τῷ ὀπισθίῳ ποδὶ τῇ τοῦ Ἄρεως · οἱ δὲ ἐπὶ τῆς οὐρᾶς τῇ
τῆς Ἀφροδίτης. τῶν ἐν τῷ Ταύρῳ ἀστέρων οἱ μὲν ἐν τῇ κεφαλῇ
15 ὁμοίαν ἔχουσι τὴν κρᾶσιν τῇ τε τῆς Ἀφροδίτης καὶ ἠρέμα τῇ τοῦ
Κρόνου · οἱ δὲ ἐν τῇ Πλειάδι τῇ τε τῆς Σελήνης καὶ τῇ τοῦ Ἄρεως ·
τῶν δὲ ἐν τῇ κεφαλῇ ὁ μὲν λαμπρός, τῆς Ὑάδος καὶ ὑπόκιρρος τῇ
τοῦ Ἄρεως. τῶν δὲ ἐν τοῖς Διδύμοις οἱ μὲν ἐπὶ τῶν ποδῶν τὴν
ὁμοίαν κρᾶσιν ἔχουσι τῇ τε τοῦ Ἑρμοῦ καὶ ἠρέμα τῇ τῆς Ἀφροδίτης ·
20 οἱ περὶ τοὺς μηροὺς λαμπροὶ τῇ τοῦ Κρόνου · τῶν δὲ ἐν ταῖς κεφαλαῖς
δύο λαμπρῶν ὁ μὲν ἐν τῇ προηγουμένῃ τῇ τοῦ Ἑρμοῦ, καλεῖται μέντοι
καὶ Ἀπόλλωνος · ὁ δὲ ἐν τῇ ἑπομένῃ τῇ τοῦ Ἄρεως, καλεῖται δὲ καὶ
Ἡρακλέους. τῶν δὲ ἐν τῷ Καρκίνῳ οἱ μὲν ἐπὶ τῶν ποδῶν δύο τῆς
αὐτῆς ἐνεργείας εἰσὶ ποιητικοὶ τῇ τοῦ Ἑρμοῦ καὶ ἠρέμα τῇ τοῦ Ἄρεως ·
25 οἱ δὲ ἐν ταῖς χηλαῖς τῇ τοῦ Κρόνου καὶ τῇ τοῦ Ἑρμοῦ · ἡ δ' ἐν τῷ
στήθει νεφελοειδὴς συστροφή, καλουμένη δὲ Φάτνη, τῇ τοῦ Ἄρεως
καὶ τῆς Σελήνης · οἱ δὲ ἑκατέρωθεν αὐτῆς δύο, καλούμενοι δὲ Ὄνοι,
τῇ τοῦ Ἄρεως καὶ τοῦ Ἡλίου. τῶν δὲ τοῦ Λέοντος οἱ μὲν ἐπὶ τῆς
κεφαλῆς δύο ὅμοιον ποιοῦσι τῷ τε τοῦ Κρόνου καὶ ἠρέμα τῷ τοῦ
30 Ἄρεως · οἱ δὲ ἐν τῷ τραχήλῳ τρεῖς τῷ τε τοῦ Κρόνου καὶ ἠρέμα τῷ
τοῦ Ἑρμοῦ · ὁ δὲ ἐπὶ τῆς καρδίας λαμπρός, καλούμενος δὲ Βασιλίσκος,
τῷ τοῦ Ἄρεως καὶ τῷ τοῦ Διός · ὁ δὲ ἐν τῇ ὀσφύι καὶ ἐπὶ τῆς οὐρᾶς

ὁ ἥλιον καὶ σελήνην, χρόνον a — δ:α A — 16 οἱ δὲ] η δὲ A — 19 ὁμοίραν
a — 20 οἱ περὶ] οἱ om. A — 26 νεφελοειδὴς bis A

λαμπρὸς τῷ τοῦ Κρόνου καὶ τῷ τῆς Ἀφροδίτης καὶ ἠρέμα τῷ τοῦ
Ἑρμοῦ. τῶν δὲ κατὰ τὴν Παρθένον οἱ μὲν ἐν τῇ κεφαλῇ καὶ ὁ ἐπ'
ἄκρας τῆς νοτίου πτέρυγος ὅμοιον ἔχουσι τῷ τε τοῦ Ἑρμοῦ καὶ ἠρέμα
τῷ τοῦ Ἄρεως· οἱ δὲ λοιποὶ τῆς πτέρυγος λαμπροὶ οἱ κατὰ τὰ περιζώ-
ματα τῷ τε τοῦ Ἑρμοῦ καὶ ἠρέμα τῷ τῆς Ἀφροδίτης· ὁ δὲ ἐν τῇ 5
βορείῳ πτέρυγι λαμπρός, καλούμενος δὲ Προτρυγητήρ, τῷ τοῦ Κρόνου
καὶ τῷ τοῦ Ἑρμοῦ· ὁ δὲ καλούμενος Στάχυς τῷ τῆς Ἀφροδίτης καὶ
ἠρέμα τῷ τοῦ Ἄρεως. τῶν δὲ χηλῶν τοῦ Σκορπίου οἱ μὲν ἐν ἄκραις
αὐταῖς, ὡσαύτως διατεθέασι, τῷ τε τοῦ Διὸς καὶ τῷ τοῦ Ἑρμοῦ· οἱ
δὲ ἐν μέσαις τῷ τε τοῦ Κρόνου καὶ τῷ Ἄρεως· τῶν δὲ ἐν τῷ σώματι 10
τοῦ Σκορπίου οἱ μὲν ἐν τῷ μετώπῳ τῷ τοῦ Ἄρεως καὶ ἠρέμα τῷ τοῦ
Κρόνου· οἱ δὲ ἐν τῷ σώματι τρεῖς, ὧν ὁ μέσος ὑπόκιρρος, καλεῖται δὲ
Ἀντάρης, τῷ τοῦ Ἄρεως καὶ ἠρέμα τῷ τοῦ Διός· οἱ δὲ ἐν τοῖς
σπονδύλοις τῷ τοῦ Κρόνου καὶ ἠρέμα τῷ τῆς Ἀφροδίτης· οἱ δὲ ἐπὶ
τοῦ κέντρου τῷ τε τοῦ Ἑρμοῦ καὶ τῷ τοῦ Ἄρεως· καὶ ἡ λεγομένη 15
νεφελοειδὴς συστροφὴ τῷ τε τοῦ Ἄρεως καὶ τῆς Σελήνης. τῶν δὲ
κατὰ τὸν Τοξότην ὁ μὲν ἐπὶ τῆς ἀκίδος τοῦ βέλους τῷ τοῦ Ἄρεως
καὶ τῆς Σελήνης· οἱ δὲ περὶ τὸ τόξον καὶ τὴν λαβὴν τῆς χειρὸς τῷ
τοῦ Διὸς καὶ τῷ τοῦ Ἄρεως· οἱ δὲ ἐν ταῖς πτέρυξιν ἤτοι ἐφαπτίσι καὶ
ἐν τῷ νώτῳ τῷ τοῦ Διὸς καὶ ἠρέμα τῷ τοῦ Ἑρμοῦ· οἱ δὲ ἐν τοῖς 20
ποσὶ τῷ τοῦ Διὸς καὶ τῷ τοῦ Κρόνου· τὸ δὲ ἐπὶ τῆς οὐρᾶς τετράπλευρον
τῷ τῆς Ἀφροδίτης καὶ ἠρέμα τῷ τοῦ Κρόνου. τῶν δὲ Αἰγόκερω οἱ
μὲν ἐπὶ τῶν κεράτων ἰσοδυναμοῦσι τῷ τε τῆς Ἀφροδίτης καὶ ποσῶς
τῷ Ἄρει· οἱ δὲ ἐν τῷ στόματι τῷ τε τοῦ Κρόνου καὶ ἠρέμα τῷ τῆς
Ἀφροδίτης· οἱ δὲ ἐν τοῖς ποσὶ καὶ ἐν τῇ κοιλίᾳ Ἄρει καὶ Ἑρμῇ· οἱ 25
δὲ ἐν τῇ οὐρᾷ Κρόνῳ καὶ Διί. τοῦ δὲ Ὑδροχόου οἱ μὲν ἐν τοῖς ὤμοις
καὶ τῇ ἀριστερᾷ χειρὶ καὶ τῷ ἱματίῳ Κρόνῳ καὶ Ἑρμῇ· οἱ δὲ ἐπὶ τῶν
μηρῶν Ἑρμῇ καὶ ἠρέμα Κρόνῳ· ὁ δὲ ἐν τῇ ῥύσει τοῦ ὕδατος Κρόνῳ
καὶ ἠρέμα Διί. τῶν δὲ Ἰχθύων οἱ μὲν ἐν τῇ κεφαλῇ τοῦ νοτίου Ἰχθύος
ὅμοιοί εἰσι τῷ τοῦ Ἑρμοῦ καὶ ἠρέμα τῷ τοῦ Κρόνου· οἱ δὲ ἐν τῷ 30
σώματι τῷ τοῦ Διὸς καὶ τῷ τοῦ Ἑρμοῦ· οἱ δὲ ἐπὶ τῆς οὐρᾶς καὶ ἐπὶ
τοῦ νοτίου λίνου τῷ τοῦ Κρόνου καὶ ἠρέμα τῷ τοῦ Ἑρμοῦ· οἱ δὲ ἐν
τῷ σώματι καὶ τῇ ἀκάνθῳ τοῦ βορείου Ἰχθύος τῷ τε τοῦ Διὸς καὶ

---

1 τοῦ Ἑρμοῦ] τοῦ om. A — 4 κατὰ οἱ κατὰ A — 8 pro Σκορπίου apud Ptole-
maeum Ζυγοῦ signum exstat — 10 τοῦ Ἄρεως a — 16 τῷ τῆς σελήνης a — 19 καὶ
τῷ bis A — 20 νώτῳ correxi, νότῳ libri — 22 ἐν αἰγόκερῳ a

ἠρέμα τῷ τῆς Ἀφροδίτης · οἱ δὲ ἐν τῷ βορείῳ λίνῳ τῷ τοῦ Κρόνου · ὁ δὲ ἐπὶ τοῦ συνδέσμου λαμπρὸς τῷ τε τοῦ Ἄρεως καὶ ἠρέμα τῷ τοῦ Ἑρμοῦ.

IIII. Περὶ τῶν βορειοτέρων τοῦ ζῳδιακοῦ.

5 Τῶν δὲ κατὰ τὸν βόρειον πόλον μορφώσεων οἱ μὲν περὶ τὴν μικρὰν Ἄρκτον λαμπροὶ ὅμοιοί εἰσι τῷ τε τοῦ Κρόνου καὶ ἠρέμα τῷ τῆς Ἀφροδίτης · οἱ δὲ τῆς μεγάλης Ἄρκτου τῷ τοῦ Ἄρεως · ἡ δὲ ὑπὸ τὴν οὐρὰν αὐτῆς τοῦ πλοκάμου συστροφή, τῷ τῆς Σελήνης καὶ τῷ τῆς Ἀφροδίτης · οἱ δὲ ἐν τῷ Δράκοντι λαμπροὶ τῷ τοῦ Κρόνου καὶ τῷ τοῦ 10 Ἄρεως · οἱ δὲ τοῦ Κηφέως τῷ τοῦ Κρόνου καὶ τῷ τοῦ Διός · οἱ δὲ περὶ τὸν Βοώτην ἐοίκασι Ἑρμῇ καὶ Κρόνῳ · ὁ λαμπρὸς καὶ ὑπόκιρρος καλούμενος Ἀρκτοῦρος Ἄρει καὶ Διί · οἱ δὲ ἐν τῷ Στεφάνῳ Ἀφροδίτῃ καὶ Ἑρμῇ · οἱ δὲ κατὰ τὸν ἐν γόνασιν Ἑρμῇ · οἱ δὲ ἐν τῇ Λύρᾳ καὶ ἐν τῷ Ὄρνιθι Ἀφροδίτῃ καὶ Ἑρμῇ · οἱ δὲ κατὰ τὴν Κασσιέπειαν 15 Κρόνῳ καὶ Ἀφροδίτῃ · ὁ δὲ κατὰ τὸν Περσέα Διί καὶ Κρόνῳ · ἡ δὲ ἐν τῇ λαβῇ τῆς μαχαίρας συστροφή τῷ τοῦ Ἄρεως · οἱ δὲ ἐν τῷ Ἡνιόχῳ λαμπροί Ἄρει καὶ Ἑρμῇ · οἱ δὲ κατὰ τὸν Ὀφιοῦχον Κρόνῳ καὶ ποσῶς Ἀφροδίτῃ · οἱ δὲ τοῦ Ἀετοῦ Ἄρει καὶ Διί · οἱ δὲ τοῦ Δελφῖνος Κρόνῳ καὶ Ἄρει · οἱ δὲ τοῦ Ἵππου Ἄρει καὶ Ἑρμῇ · οἱ 20 δὲ τῆς Ἀνδρομέδας Ἀφροδίτῃ · οἱ δὲ ἐν τῷ τριγώνῳ τῷ περὶ τὸν Κριὸν Ἑρμῇ.

V. Περὶ τῶν νοτιωτέρων τοῦ ζῳδιακοῦ.

Τῶν δὲ ἐν τοῖς νοτίοις τοῦ ζῳδιακοῦ μορφώσεων ὁ μὲν ἐν τῷ στόματι τοῦ νοτίου Ἰχθύος ὁμοίαν ἔχει τὴν ἐνέργειαν τῷ τῆς Ἀφρο-
25 δίτης καὶ τῷ τοῦ Ἑρμοῦ · οἱ δὲ περὶ τὸ Κῆτος τῷ τοῦ Κρόνου · τῶν δὲ περὶ τὸν Ὠρίωνα οἱ μὲν ἐπὶ τῶν ὤμων τῷ τοῦ Ἄρεως καὶ τῷ τοῦ Ἑρμοῦ · οἱ δὲ λοιποὶ λαμπροὶ τῷ τε τοῦ Διός καὶ τῷ τοῦ Κρόνου · τῶν δὲ ἐν τῷ Ποταμῷ ὁ μὲν ἔσχατος καὶ λαμπρὸς τῷ τοῦ Ἄρεως · οἱ δὲ λοιποὶ τῷ τοῦ Κρόνου · οἱ δὲ ἐν τῷ Λαγωῷ τῷ τε τοῦ Κρόνου καὶ 30 τῷ Ἑρμοῦ · τῶν δὲ περὶ τὸν Κύνα οἱ μὲν ἄλλοι τῷ τῆς Ἀφροδίτης · ὁ δὲ ἐπὶ τοῦ στόματος λαμπρὸς τῷ τοῦ Διός καὶ ἠρέμα τῷ τοῦ Ἄρεως · ὁ δὲ ἐν τῷ Προκυνὶ λαμπρὸς τῷ τοῦ Διός καὶ ἠρέμα τῷ τοῦ Ἄρεως ·

32 δ δὲ ... Ἄρεως om α

οἱ δὲ κατὰ τὸν Ὕδρον λαμπροὶ τῷ τε τοῦ Κρόνου καὶ τῷ τῆς Ἀφρο-
δίτης · οἱ δὲ περὶ τὸν Κρατῆρα τῷ τῆς Ἀφροδίτης καὶ ἠρέμα τῷ τοῦ
Ἑρμοῦ · οἱ δὲ περὶ τὸν Κόρακα τῷ τε τοῦ Ἄρεως καὶ τῷ τοῦ Κρόνου ·
οἱ δὲ τῆς Ἀργοῦς λαμπροὶ τῷ τοῦ Κρόνου καὶ τῷ τοῦ Διός · τῶν δὲ
περὶ τὸν Κένταυρον οἱ μὲν ἐν τῷ ἀνθρωπίνῳ σώματι τῷ τῆς Ἀφροδίτης 5
καὶ τῷ τοῦ Ἄρεως · οἱ δὲ ἐν τῷ ἱππείῳ τῷ τῆς Ἀφροδίτης καὶ τῷ τοῦ
Ἄρεως · οἱ δὲ περὶ τὸ Θηρίον τῷ τοῦ Κρόνου καὶ ἠρέμα τῷ τοῦ Ἄρεως ·
οἱ δὲ ἐν τῷ Θυμιατηρίῳ τῷ τῆς Ἀφροδίτης καὶ ἠρέμα τῷ τοῦ Κρόνου ·
οἱ δὲ ἐν τῷ νοτίῳ Στεφάνῳ λαμπροὶ τῷ τοῦ Κρόνου καὶ τῷ τοῦ Ἑρμοῦ.

Αἱ μὲν οὖν τῶν ἀπλανῶν ἀστέρων καθ' ἑαυτὰς δυνάμεις τοιαύτης 10
ἔτυχον παρὰ τῶν παλαιῶν παρατηρήσεως · ἐκεῖνο δὲ νοείσθω ὅτι τούτων
τῶν ἀστέρων ἕκαστοι συνοικειοῦνται ταῖς χώραις, ὅσαις καὶ τὰ τοῦ
ζῳδιακοῦ κύκλου μέρη, καθ' ὧν ἔχουσιν οἱ ἀπλανεῖς τὰς προσνεύσεις,
ἐπὶ τοῦ διὰ τῶν πόλων καὶ τοῦ γραφομένου δι' αὐτῶν κύκλου φαίνεται
ποιούμενα τὴν συμπάθειαν. 15

VI. Περὶ τῶν τριγώνων ὡς Δωρόθεος.

Κρὸς χατήεις τε Λέων τόξοό τε 'Ρυτήρ
ἤματι Ἠελίου, Διὸς δέ τε νυκτὶ ἔασιν
ἀλλήγδην · αὐτὸς δὲ Κρόνος τριτάτην λάχεν αἶσαν
Ταῦρον · Παρθενικῆς τε καὶ Αἰγόκερω κρατέουσιν 20
ἤματι Ἀφρογενής, νυκτὶ δέ τε διὰ Σελήνη
καὶ τρίτατος μετὰ τοῖσι θεὸς πολέμοισιν ἀνάσσων ·
ἐν δὲ νυ Παρθενικῇ Μαίης προσλάμβανε κοῦρον ·
ἐν Διδύμοις Ζυγῷ τε καὶ Ὑδροχόῳ χρύσενι
ἤματος Φαίνων, ἀτὰρ Ἔνυχος Ἀργειφόντης · 25
τούτων δ' ὑστατίην Κρονίδης μοιράσατο τάξιν ·
Καρκίνον αὖτε λάχεν καὶ Σκορπίον ἠδέ τε λοισθους
Ἰχθύας ἤματι, Κύπρις, Πορθεὺς δέ τε νυκτός ·
καὶ μετὰ τοῦσθ' ἑλικώπις ἔχει βασίλισσα Σελήνη.

8 θυμιατηρίῳ A — 9 τῷ τοῦ χρόνου bis A — 17 τοξότοιο Aa — 18 ἤματι
scripsi, ἤματα Aa cod. Matrit., ἤματος Salmas., Koechly — νύκτες cod. Matrit.,
νυκτὸς Salm., Koechly — 19 ἀλλάδην a — 20 Παρθενικῆς δὲ Koechly — 21 ἤματα
cod. Matrit., ἤματος Salm. Koechly — ἀφρογένης cod. Matrit. — νυκτὸς cod.
Matrit., Koechly — 23 προσλαμβάνον A — 24 διδύμοις A', διδύμοισι Salm.,
διδύμοις δὲ Koechly dubitanter — 26 μοιράσατο Koechly — 27 καρκίνον Aa' —
ἠδὲ τοι Aa — 28 ἤματι, Koechly, ἤματι libri, ἤματι μὲν Salm. — τοῦσθ' scripsi.
τοὺς libri et Koechly

VII. Ἐν οἷς χαίρουσι τόποις οἱ ἀστέρες.

Ἐκ δ' ἄρα τοι τούτων μᾶλλον Κρόνος Ὑδρηχόῳ·
Ζεὺς δ' ἐνὶ Τοξευτῇ· καὶ Σκορπίῳ ᾔδεται Ἄρης·
Κύπρις δ' ἐν Ταύρῳ γάνυται νόον· ἐν δὲ νυ Κούρῃ
Ἑρμείας· εἷς δ' ἔστι δόμος φωστῆρος ἑκάστου.

VIII. Περὶ ὑψωμάτων.

Ἠέλιος Κριοῖο κατ' ἐννέα καὶ δέκα μοίρας
ὑψοῦται· Μήνη δὲ περὶ τριτάτην Ταύροιο·
εἰκοστῇ δὲ μιῇ Ζυγοῦ Κρόνος· Αἰγίοχος δὲ
Καρκίνου ἐν δεκάτῃ· καθ' ἑβδομάδος δὲ τετάρτης
Ἄρης Αἰγόκερῳ· περὶ δ' ἐννέα τρισσάκι Κύπρις
Ἰχθύσι· Παρθενικῇ τρίτῃς κατὰ πεντάδος Ἑρμῆς·
αἱ δὲ ταπεινώσεις ὑψώματα ἐν διαμέτρῳ.

VIIII. Περὶ προστασσόντων καὶ ἀκουόντων.

Προστάσσοντα καὶ ἀκούοντα λέγονται τὰ τμήματα κατ' ἴσην
διάστασιν ἀπὸ τοῦ αὐτοῦ καὶ ὁποτέρου τῶν ἰσημερινῶν σημείων ἐσχη-
τισμένα· καὶ τὰ μὲν ἐν τῷ θερινῷ ἡμικυκλίῳ προστάσσοντα, τὰ δὲ ἐν
τῷ χειμερινῷ ἀκούοντα.

X. Περὶ ἰσοδυναμούντων καὶ βλεπόντων.

Ἰσοδυναμεῖν δὲ λέγεται καὶ βλέπειν ἄλληλα τὰ μέρη, τὰ τοῦ αὐτοῦ
καὶ ὁποτέρου τῶν τροπικῶν σημείων τὸ ἴσον ἀφεστῶτα. ἔστι δὲ φίλα
καὶ οἰκεῖα ταῦτα λέγεσθαι διὰ τὸ καθ' ἑκάτερον αὐτῶν τοῦ ἡλίου γινομέ-
νου τάς τε ἡμέρας ταῖς ἡμέραις καὶ τὰς νύκτας ταῖς νυξὶ καὶ τὰ δια-
στήματα τῶν οἰκείων ὡρῶν ἰσοχρονίως ἀποτελεῖσθαι· καὶ διὰ τὸ ἐκ τῶν
αὐτῶν μερῶν τοῦ ὁρίζοντος ἀνατέλλειν καὶ εἰς τὰ αὐτὰ καταδύνειν.

2 ἐν ὑδρηχόῳ cod. Matrit., ὑδρεχόῳ a'; rerum Koechly sic constituit:
αἱρετοὶ ἐκ τούτων μᾶλλον Κρόνος ἐν Ὑδρεχῇ — 10 ἑβδομάδος A — ἑβδομάδας
δὲ τετάρτης cod. Matrit., Koechly — 12 ἰχθύσι A — παρθενικῆς cod. Matrit.,
Koechly — τρίτην κατα πεντάδα cod. Matrit., Koechly — 13 ὑψώματων Koechly
— 21 ὁποτέρου A — ἴσον A

73

XI. Περὶ ἀσυνδέτων.

Ἀσύνδετα δὲ καὶ ἀπηλλοτριωμένα τμήματα, ὅσα πρὸς ἄλληλα, ὡς προείρηται, τουτέστι μήτε ἀκούοντα ἢ προστάσσοντα ἢ βλέποντα ἢ ἰσοδυναμοῦντα ἢ τρίγωνα ἢ τετράγωνα ἢ ἑξάγωνα· καὶ ἔσται ταῦτα δι' ἑνὸς ἢ διὰ πέντε δωδεκατημορίων. 5

XII. Περὶ διαφορᾶς τόπων.

Καλοὶ δέ εἰσι τόποι, ἐν οἷς δεῖ ἑστάναι αὐτούς· πρῶτον μὲν ὁ ὡροσκόπος, δεύτερος μεσουράνημα, τρίτος ὁ ἀγαθὸς δαίμων, τέταρτος ἡ ἀγαθὴ τύχη, μετὰ τούτους τὸ δῦνον, εἶτα τὸ ὑπόγειον, ἐπὶ πᾶσι δὲ ὁ ἔννατος τόπος ὁ καλούμενος θεός. καὶ οἱ μὲν καλοὶ τόποι οὗτοι· 10 κακοὶ δὲ ὁ δεύτερος, ὁ τρίτος ἀπὸ τοῦ ὡροσκόπου καὶ ὁ ὄγδοος· οἵ τε λοιποὶ δύο ὅ τε ἕκτος καὶ δωδέκατος κάκιστοι.

XIII. Περὶ οἰκοδεσπότου καὶ συνοικοδεσπότου.

Οἰκοδεσπότης λέγεται ὁ τοῦ οἴκου κύριος, συνοικοδεσπότης δὲ ὁ συμμετέχων τοῦ οἴκου, ὅταν τοῦ μὲν οἶκος ᾖ, τοῦ δὲ ὕψωμα ἢ καὶ 15 τρίγωνον ἢ καὶ ὅριον· ὁ δὲ τῆς γενέσεως οἰκοδεσπότης ἐστὶν ὁ πλείονας λόγους ἔχων τῶν πέντε, τουτέστιν οἴκου, ὑψώματος, τριγώνου, ὁρίων, φάσεως πρὸς τὸν Ἥλιον.

XIIII. Περὶ συναφῆς καὶ ἀπορροίας.

Συναφὴ καὶ κόλλησίς ἐστιν, ὅταν ἤδη συνῶσιν ἀλλήλοις οἱ ἀστέρες 20 ἢ καὶ ἐντὸς τριῶν μοιρῶν μέλλωσι συνάπτειν. ἡ δὲ Σελήνη λέγεται καὶ οὖσα ἐντὸς τῶν τρισκαίδεκα μοιρῶν μέλλειν συνάπτειν· ἀπορρέει δὲ ἀστὴρ ἀπὸ τοῦ ἤτοι σωματικῶς ἢ μετὰ τρεῖς μοίρας.

XV. Περὶ περισχέσεως.

Περισχεθῆναι λέγεται, οἷον τὴν Παρθένον Λέων Ζυγὸς περιέχει. 25 ὅταν οὖν Ἄρης ἐν Κριῷ τυχὼν πέμψῃ τὰς ἀκτῖνας ἐπὶ μὲν Ζυγὸν κατὰ διάμετρον, ἐπὶ δὲ Λέοντα κατὰ τρίγωνον· ἐὰν τὴν Σελήνην τύχῃ εἶναι

2 τμήματα Aa in margine, in contextu σχήματα — 4 ταῦτα bis A —
9 δῦνον Aa — 21 μοιρῶν scripsi, μοίρων libri — 22 ἐντός] ἐν τοῖς a

7

ἐν Παρθένῳ ἢ τὸν ὡροσκόπον μηδενὸς τῶν ἀγαθοποιῶν ὁρῶντος, φαῦλον
τὸ σχῆμα καὶ ὀλιγοχρονίους ποιεῖ. λέγεται δὲ ἐμπερίσχεσις καὶ οὕτως,
ὅταν δύο ἀστέρες ἀνὰ μέσον ἔχωσι τὴν Σελήνην ἢ τὸν ὡροσκόπον
μηδενὸς ἄλλου εἰς τὸ μεταξὺ παρεμβάλλοντος ἀκτῖνα. χαλεπὴ δέ ἐστιν
5 αὕτη ἡ ἐμπερίσχεσις, ὅταν ὑπὸ κακοποιῶν γένηται.

XVI. Περὶ ἀκτινοβολίας.

Ἀκτινοβολεῖ δὲ πᾶς ἀστὴρ ὁ ἑπόμενος ἐν τοῖς εὐωνύμοις τὸν
προηγούμενον ἐν τοῖς δεξιοῖς· οἷον ὁ ἐν Κριῷ τὸν ἐν Αἰγόκερῳ τετρα-
γώνῳ δεξιῷ, ἀκτινοβολεῖ ὁμοίως καὶ τὸν ἐν Τοξότῃ τριγώνῳ δεξιῷ· ὁ
10 δὲ προηγούμενος τὸν ἑπόμενον ἐφορᾷ μὲν καὶ καθυπερτερεῖ φερόμενος
ἐπ' αὐτόν, οὐκ ἀκτινοβολεῖ δέ. πάσης γὰρ αὐγῆς ἡ μὲν ὄψις εἰς τὸ
ἔμπροσθεν φέρεται, ἡ δὲ ἀκτὶς εἰς τοὐπίσω. ὁ δὲ καθυπερτερῶν καὶ
ἐπιδεκατεύων ὁ αὐτός ἐστιν. ὁ γὰρ ἐν Κριῷ καθυπερτερεῖ καὶ ἐπιδεκατεύει
τὸν ἐν τῷ Καρκίνῳ.

15 ## XVII. Περὶ δορυφορίας.

Δορυφορίας δὲ γένη ἐστὶ τρία· πρῶτον, ἐάν τινα ἐν οἴκῳ ὄντα
ἰδίῳ ἢ ὑψώματι ἐπίκεντρον ἕτερος ἐν οἴκῳ ἰδίῳ κείμενος ἢ ὑψώματι
κακοπτεύῃ ἐπὶ τὴν προαναφερομένην αὐτοῦ μοῖραν τὴν ἀκτῖνα βαλών·
οἷον ἐὰν ἐν Λέοντι τὸν Ἥλιον ὄντα ὁ Κρόνος ἐν Ὑδροχόῳ ὢν κατὰ
20 διάμετρον ἢ Ζεὺς ἐν Τοξότῃ τρίγωνος ἢ πάλιν Δία ἐν Καρκίνῳ Ἄρης
ὢν ἐν Αἰγόκερῳ ὢν. δεύτερον γένος τὸ κατὰ τὴν ἀκτινοβολίαν λεγόμενον,
οἷον ἐὰν ἐπίκεντρον ἐν τῷ ὡροσκόπῳ φωστῆρα ἢ τῷ μεσουρανήματι
κἂν ἐν ἀλλοτρίῳ οἴκῳ κείμενον τῆς αἱρέσεως ἀστὴρ ἀκτινοβολῇ. Ἥλιον
μὲν εἰς τὴν προαναφερομένην μοῖραν, Σελήνης δὲ εἰς τὴν ἑξῆς, ἐφ' ἣν
25 φέρεται, κατ' ἰσοσκελῆ γραμμὴν τὴν ἀκτῖνα βαλών· πᾶσαι δὲ αἱ τρίγωνοι
δορυφορίαι ἀμείνονες τῶν τετραγώνων καὶ διαμέτρων, αἱ δὲ ἑξάγωνοι
ἀσθενέστεραι. τρίτον γένος, ἐὰν ἐπικείμενον τῷ ὡροσκόπῳ ἢ τῷ μεσου-
ρανήματι ἀστέρα ἡμερινὴ μὲν γένηται ἡμερινοί, νυκτερινὴ δὲ δορυφορήσωσι
προηγούμενοι ἢ ἑπόμενοι. κατὰ τοῦτο δὲ τὸ σχῆμα Ἥλιος μὲν δορυφορη-
30 θήσεται ὑπὸ τοῦ προαναφερομένου, Σελήνη δὲ ὑπὸ τῶν ἐντὸς ἑπτὰ
μοιρῶν. τὸν μέντοι Ἥλιον οὐ βλάπτουσι δορυφοροῦντες παραιρεῖται
ἀφεστῶτες αὐτοῦ δεκαπέντε μοίρας καὶ ὄντες ἀνατολικοὶ κατὰ τὰ αὐτά

---

11 αὐτῆς scripsi, αὐτῆς libri — 18 καθοπτεύῃ libri

δὴ καὶ αὐτὸς ὁ Ἥλιος δορυφορεῖν δύναται τὸν συναιρεσίτην ἐπίκεντρον ἤ τε Σελήνη ὁμοίως · παρ' αἵρεσιν δὲ γίνονται δορυφορίαι, ὅταν ἡμερινοὶ μὲν τοὺς νυκτερινοὺς δορυφορήσωσι, νυκτερινοὶ δὲ τοὺς ἡμερινούς. ἐὰν δὲ ὑπὸ ἀγαθοποιῶν ἡ δορυφορία γίνηται, οὐδὲ οὕτως ἀσήμους ποιεῖ.

XVIII. Περὶ τῶν δωδεκατημορίων τῶν κατὰ τὰς μοίρας. ₅

Καλοῦσι δωδεκατημόριον ἑκάστου ἀστέρος, εἰς ὃ ἂν ζῴδιον ἐκπέσῃ ἡ τῶν μοιρῶν αὐτοῦ ποσότης δωδεκάκις γινομένη καὶ ἐκβληθεῖσα, ἀφ' ἧς ἔχει μοίρας εἰς τὰ ἑπόμενα τῶν ζῳδίων ἑκάστῃ, τούτων λογιζομένων ἡμῶν μοίρας τριάκοντα.

XVIIII. Περὶ ἰδιοπροσωπίας καὶ λαμπηνῶν καὶ θρόνων. 10

Λέγονται δὲ καὶ ἰδιοπροσωπεῖν, ὅταν ἕκαστος αὐτῶν τὸν αὐτὸν διασώζῃ Ἥλιον ἢ καὶ Σελήνην ἢ καὶ Σελήνης σχηματισμόν, ὥσπερ καὶ ὁ οἶκος αὐτῆς πρὸς τοὺς ἐκείνων οἴκους · οἷον ὅταν ὁ τῆς Ἀφροδίτης λόγου ἕνεκεν ἐξάγωνον ποιῇ, πρὸς τὰ φῶτα διάστασιν, ἀλλὰ πρὸς Ἥλιον μὲν ἑσπέριος ὤν, πρὸς Σελήνην δὲ ἑῷος, ἀκολούθως τοῖς οἴκοις. ἐν 15 ἰδίαις δὲ λαμπήναις καὶ θρόνοις καὶ τοῖς τοιούτοις λέγονται, ὅταν κατὰ δύο ἢ καὶ πλείους τῶν προεκτεθειμένων τόπων τουτέστιν οἴκῳ, ὁρίῳ, τριγώνῳ, ἀνατολῇ, ὑψώματι συνοικουμένῳ τυγχάνωσι τοῖς τόποις, ἐν οἷς καταλαμβάνονται, τότε μάλιστα διαμηκότατα γίνονται.

XX. Περὶ καθολικῶν ἐπισκέψεων καὶ ἀποτελουμένων. 20

Τούτων οὕτω προεκτεθειμένων ἀκόλουθον ἂν εἴη, κατὰ τὸ κεφαλαιῶδες ἑπομένους τῷ θείῳ Πτολεμαίῳ λογικῶς ἐπελθεῖν τὰ καθόλου γινόμενα χώραις ἢ πόλεσι συμπτώματα. ταῦτα δὲ μάλιστα συμβαίνει παρὰ τὰς ἐκλειπτικὰς φαντασίας Ἡλίου τε καὶ Σελήνης τὰς εὐαισθητοτέρας καὶ τὰς ἐν αὐταῖς παρόδους τῶν ἀστέρων καὶ τοὺς τούτων στηριγμοὺς 25 καὶ φάσεις.

Ἐπισκεψόμεθα οὖν τὰ τοιαῦτα τὸν τρόπον τοῦτον · πρῶτον θεασόμεθα, ποίαις χώραις ἢ πόλεσιν αἱ κατὰ μέρος ἐκλείψεις καὶ τῶν τριῶν δὲ πλανωμένων Κρόνου, Διός, Ἄρεως οἱ στηριγμοὶ καὶ φάσεις

---

16 λαμπήναις A — 17 τρόπων A — 18 τυγχάνουσι a — 21 θεασόμεθα a

τὰς ἐπιϲημαϲίας ποιοῦϲιν. ἔπειτα τὸν καιρὸν τῶν ἐπιϲημαϲιῶν καὶ τῆς
παρατάϲεως τὴν ποϲότητα δεήϲει προγινώϲκειν καὶ περὶ ποῖα τῶν γενῶν
ἀποβήϲεται τὸ ϲύμπτωμα. τελευταῖον δὲ τὴν αὐτοῦ τοῦ τελεϲθηϲομένου
ποιότητα θεωρήϲομεν.

5 Προϲήκει τοίνυν πρὸς μὲν χώρας ἢ πόλεις ϲκοπεῖν τὸ τῆς ἐκλείψεως
δωδεκατημόριον, ποῖαι τούτων ϲυνοικειοῦνται κατὰ τρίγωνον ϲχῆμα ἢ
τετράγωνον καὶ ὁμοίως, ποίων πόλεων αἱ φωϲφορίαι καὶ ὡροϲκοπίαι
τῷ τόπῳ τῆς ἐκλείψεως φωϲφοροῦϲιν. ἐφ' ὧν δὲ οἱ χρόνοι τῶν κτίϲεων
οὐχ εὑρίϲκονται, τῶν κατὰ καιρὸν ἀρχόντων ἢ βαϲιλευόντων τὸ μεϲου-
10 ράνημα ἐπιϲκοπητέον, εἰ ϲυμπάθειαν ἔχει πρὸς τὸν αὐτὸν τόπον, ἐφ'
ὅϲων δὴ καὶ εὑρίϲκομεν χωρῶν ἢ πόλεων τὴν προκειμένην ϲυνοικείωϲιν.

Περὶ πάϲας μὲν ὡς ἐπίπαν ὑπονοητέον ἔϲεϲθαι τὸ ϲύμπτωμα,
ἐξαιρέτως δὲ περὶ τὰς πρὸς αὐτὸ τὸ τῆς ἐκλείψεως δωδεκατημόριον
λόγον ἐχούϲας καὶ ἐν ὅϲαις αὐτῶν ὑπὲρ γῆν ἡ ἔκλειψις ἐφαίνετο. τοὺς
15 δὲ χρόνους τῆς παρατάϲεως τῆς ὅλης ἐκλείψεως λογιϲάμενοι καθ'
ἑκάϲτην οἴκηϲιν, ἐν αἷς αἱ ἐκλείψεις φαίνονται, ὁπόϲας ϲυμβαίνει εἶναι
ἰϲημερινὰς ὥρας ἢ καὶ μέρη, ἐφ' ἡλιακῆς μὲν ἐκλείψεως ἐπὶ τοϲούτους
ἐνιαυτοὺς ὑπονοήϲομεν ὁλοϲχερῶς τὸ ἀποτελούμενον, ἐπὶ δὲ ϲεληνιακῆς
ἐπὶ τοϲούτους ὁμοίως μῆνας. ἡ δὲ τούτου ἐπίταϲις ἐκ τῆς ϲχέϲεως
20 τοῦ ἐκλειπτικοῦ τόπου ϲυνοραθήϲεται. πρὸς μὲν γὰρ τῷ ἀπηλιωτικῷ
ὁρίζοντι ὁ τόπος ἐκπεϲὼν κατὰ τὸ πρῶτον τριτημόριον τοῦ ὅλου χρόνου
τῆς ἐκλείψεως τὴν ἐπίταϲιν τοῦ ϲυμπτώματος ποιήϲεται· πρὸς δὲ τῷ
μεϲουρανήματι κατὰ τὸ μέϲον τριτημόριον· πρὸς δὲ τῷ λιβυκῷ ὁρίζοντι
κατὰ τὸ τελευταῖον τριτημόριον.

25 Αἱ δὲ κατὰ μέρος ἀνέϲεις καὶ ἐπιτάϲεις ληφθήϲονται ἀπό τε τῶν
ἀνὰ μέϲον ϲυζυγιῶν, ὅταν κατὰ τῶν τὸ αἴτιον ἐμποιούντων ἢ τῶν
ϲχηματιζομένων αὐτοὶ ϲυμπίπτωϲιν, καὶ ἀπὸ τῶν ἄλλων παρόδων, ὅταν
οἱ ποιητικοὶ τοῦ προτελέϲματος ἀϲτέρες ἀνατολὰς ἢ δύϲεις ἢ ϲτηριγμοὺς
ἢ ἀκρονύκτους φάϲεις ποιῶνται ϲχηματιζόμενοι τοῖς τὴν αἰτίαν ἔχουϲι
30 δωδεκατημορίοις, ἐπειδήπερ ἀνατέλλοντες ἢ ϲτηρίζοντες ἐπιτάϲεις ποιοῦν-
ται τῶν ϲυμπτωμάτων, δύνοντες δὲ καὶ ὑπὸ τὰς αὐγὰς ὄντες ἢ ἀκρονύ-
κτους ποιούμενοι φάϲεις ἄνεϲιν ἐμποιοῦϲι τῶν ἀποτελουμένων.

Περὶ ποῖα δὲ τῶν γενῶν ἀποβήϲεται τὸ ϲύμπτωμα, γνωϲόμεθα
ἐκ τῆς τῶν ζωδίων ἰδιοτροπίας καὶ μορφώϲεως, καθ' ὧν ἂν τύχωϲιν

---

13 δὲ om. A — περὶ τὰς scripsi, περὶ τὸ τῆς A, τὸ περὶ τῆς a —
— 20 ποιοῦνται correri, ποιοῦνται libri

ὄντες οἵ τε τῶν ἐκλείψεων τόποι καὶ οἱ τὴν οἰκοδεσποτείαν λαμβάνοντες
ἀστέρες πλανώμενοί τε καὶ ἀπλανεῖς τοῦ τε τῆς ἐκλείψεως δωδεκατη-
μορίου καὶ τοῦ κατὰ τὸ κέντρον τὸ πρὸ τῆς ἐκλείψεως. λαμβάνεται δὲ
ἡ τούτων οἰκοδεσποτεία ἐπὶ μὲν τῶν πλανωμένων οὕτως. ὁ γὰρ τοὺς
πλείστους λόγους ἔχων πρὸς ἀμφοτέρους τοὺς ἐγκειμένους τόπους τόν 5
τε τῆς ἐκλείψεως καὶ τὸν τοῦ ἐπομένου αὐτῷ κέντρου κατά τε τὰς
ἔγγιστα φαινομένας συναφὰς ἢ ἀπορροίας καὶ σχηματισμοὺς καὶ ἔτι
κατὰ τὴν κυρίαν τῶν οἴκων καὶ τριγώνων καὶ ὑψωμάτων καὶ ὁρίων,
ἐκεῖνος λήψεται μόνος τὴν οἰκοδεσποτείαν. εἰ δὲ μὴ εὑρεθῇ ὁ αὐτὸς
κύριος τῆς τε ἐκλείψεως καὶ τοῦ κέντρου, ἀλλὰ δύο τῶν τὰς ἀμφοτέρων 10
πλείονας ἔχοντες συνοικειώσεις, ἑλώμεθα προκρίνοντες τὸν τῆς ἐκλείψεως
κύριον, οἱ δὲ πλείονες εὑρίσκοντο καθ' ἕτερον τόπον ἐφάμιλλοι, τὸν
ἐπικεντρότερον ἢ σχηματιστικώτερον ἢ τῆς αἱρέσεως μᾶλλον ὄντα προ-
κρινοῦμεν εἰς τὴν οἰκοδεσποτείαν· τῶν δὲ ἀπλανῶν ἐπιλεξόμεθα τὸν
λαμπρὸν τόν τε αὐτῷ τῷ ἐκλειπτικῷ τόπῳ συγκεχρηματικότα ἐπὶ τῷ 15
παρῳχηκότι κέντρῳ κατὰ τοὺς σχηματισμοὺς τῶν ἐννέα τρόπων καὶ τὸν
ἐν τῇ ὥρᾳ τῆς ἐκλείψεως συνανατείλαντα ἢ συμμεσουρανοῦντα τῷ κατὰ
τὰ ἑπόμενα κέντρῳ τοῦ τόπου τῆς ἐκλείψεως.

Θεωρηθέντων οὕτως τῶν εἰς τὴν αἰτίαν τοῦ συμπτώματος παραλαμ-
βανομένων ἀστέρων ἐπισκεψόμεθα τὰς τῶν ζῳδίων μορφώσεις, ἐν οἷς ἥ 20
τε ἔκλειψις καὶ οἱ τὴν κυρίαν λαμβάνοντες ἀστέρες τυγχάνουσιν. ἀπὸ
γὰρ τῆς τούτων ἰδιοτροπίας τὸ γένος τῶν διατιθεμένων ὡς ἐπίπαν κατα-
λαμβάνεται. τὰ μὲν ἀνθρωπόμορφα ζῴδια κατά τε τὸν ζῳδιακὸν καὶ
τοὺς ἀπλανεῖς περὶ τὸ τῶν ἀνθρώπων γένος τὸ σύμπτωμα παρέξει· τῶν
δὲ χερσαίων τὰ μὲν τετράποδα περὶ τὰ ὅμοια· τὰ δὲ ἑρπυστικὰ περὶ 25
τὰ ἕρποντα καὶ ὁλκὰ τῶν ζῴων· καὶ πάλιν τὰ μὲν θηριώδη περὶ τὰ
ἄγρια καὶ βλαπτικὰ τῶν ἀνθρώπων· τὰ δὲ ἥμερα περὶ τὰ πρὸς χρῆσιν
καὶ χειροήθη, οἷον ἵππων, βοῶν, προβάτων καὶ τῶν τοιούτων. ἔτι δὲ
καὶ τῶν χερσαίων τὰ μὲν πρὸς ταῖς ἄρκτοις μᾶλλον περὶ τὰς τῆς γῆς
αἰφνιδίους κινήσεις· τὰ δὲ περὶ μεσημβρίαν περὶ τὰς ἀπροσδοκήτους 30
ἐκ τοῦ ἀέρος ῥύσεις.

Πάλιν δὲ ἐν μὲν τοῖς τῶν πτερωτῶν μορφώμασιν ὄντες οἱ κύριοι
τόποι, οἷον Παρθένῳ, Τοξότῃ, Ὄρνιθι, Ἀετῷ καὶ τοῖς τοιούτοις περὶ
τὰ πτηνὰ τὰ εἰς τροφὴν διοίσει. ἐὰν δὲ τοῖς νηκτοῖς, περὶ τὰ ἔνυδρα

καὶ ἰχθύας· καὶ Καρκίνος μὲν καὶ Αἰγόκερως καὶ Δελφὶν τοῖς θαλατ-
τίοις ἀνήκει καὶ ταῖς τῶν στόλων ἀναγωγαῖς. Ὑδροχόος τε καὶ Ἰχθύες
ποταμίοις καὶ πηγαίοις, ἡ δὲ Ἀργὼ ἀμφοτέραις δυοῖσι· καὶ τὰ μὲν
τροπικὰ καὶ ἰσημερινὰ τοῖς τοῦ ἀέρος καταστήμασι καὶ ταῖς ὥραις τὰς
5 ἐπισημασίας παρέξει.

Ἰδίως δὲ καὶ τοῖς ἐκ τῆς γῆς φυομένοις κατὰ καιρόν· κατὰ μὲν
τὴν ἐαρινὴν ἰσημερίαν τοῖς βλαστοῖς τῶν δενδρικῶν καρπῶν τῶν τότε
συνακμαζόντων· κατὰ δὲ τὴν θερινὴν τροπὴν τοῖς καρποφορηθεῖσι καὶ
ταῖς συγκομιδαῖς αὐτῶν, ἐν Αἰγύπτῳ δὲ ἰδικῶς τῇ τοῦ Νείλου ἀναβάσει·
10 κατὰ δὲ μετοπωρινὴν ἰσημερίαν τῷ σπόρῳ· κατὰ δὲ χειμερινὴν τροπὴν
τοῖς λαχάνοις καὶ τοῖς ἐπιπολάζουσι κατὰ τὸν καιρὸν ὀρνέοις καὶ
ἰχθύσιν. προσέτι τὰ μὲν ἰσημερινὰ ἱεροῖς καὶ ταῖς περὶ θεοὺς θρησκείαις
σημαίνει· τὰ δὲ τροπικὰ ταῖς τῶν ἀέρων καὶ ταῖς τῶν πολιτικῶν ἐθι-
σμῶν μεταβολαῖς· τὰ δὲ στερεὰ θεμελίοις καὶ οἰκοδομήμασι· τὰ δὲ
15 δίσωμα τοῖς ἀνθρώποις καὶ τοῖς βασιλεῦσιν.

Ὁμοίως καὶ μὲν πρὸς ταῖς ἀνατολαῖς μᾶλλον ἔχοντα τὴν θέσιν
ἐν τῷ χρόνῳ τῆς ἐκλείψεως περὶ τὴν νέαν ἡλικίαν καρποὺς καὶ θεμε-
λίους σημαίνει· τὸ ἐσόμενον· τὰ δὲ πρὸς τῷ ὑπὲρ γῆς μεσουρανήματι
περὶ τὰ ἱερὰ καὶ τοὺς βασιλεῖς καὶ τὴν μέσην ἡλικίαν· τὰ δὲ πρὸς
20 δυσμαῖς περὶ τὰς τῶν νομίμων μετατροπὰς καὶ τὴν παλαιὰν ἡλικίαν
καὶ τοὺς κατοιχομένους ἐν τάφοις.

Περὶ πόσον δὲ μέρος τοῦ ὑποκειμένου γένους ἡ διάθεσις ἐπελεύ-
σεται, τότε τῆς ἐπισκοτήσεως τῶν ἐκλείψεων μέγεθος ὑποβάλλει καὶ αἱ
τῶν τὸ αἴτιον ἐμποιούντων ἀστέρων πρὸς τὸν ἐκλειπτικὸν τόπον σχέσεις·
25 ἑσπέριοι μὲν γὰρ πρὸς τὰς ἡλιακάς, ἑῷοι δὲ πρὸς τὰς σεληνιακὰς
συσχηματισθέντες ἐπ' ἔλαττον διατιθέασιν· διαμετροῦντες δὲ περὶ τὸ
ἥμισυ, ἑῷοι δὲ πρὸς τὰς ἡλιακὰς καὶ ἑσπέριοι πρὸς τὰς σεληνιακὰς
ἐπὶ τὸ πλέον.

Αὐτοῦ δὲ τὸ ἀποτέλεσμα πότερον ἀγαθῶν ἐστιν ἢ τῶν ἐναντίων
30 ποιητικόν, ἀπὸ τῆς τῶν οἰκοδεσποτησάντων ποιητικῆς φύσεώς τε καὶ
συγκράσεως τῆς πρὸς ἀλλήλους καὶ τῶν τόπων, καθ' ὧν ἂν ὧσι
τετυχηκότες, καταλαμβάνομεν. ἀρξόμεθα δὲ τῆς καθ' ἕνα ἕκαστον τῶν
πλανωμένων ποιητικῆς ἰδιοτροπίας ἐκεῖνο κοινῶς ἐπισημαινόμενοι, ὅτι
ἐν ταῖς συγκράσεσιν οὐ μόνον τὴν πρὸς ἀλλήλους τῶν πλανωμένων

---

2 ἰχθύας Α — 9 συγκομιδαῖς Α — 10 μετοπωρινὴν Α — 12 ἰχθύσιν Αα
— 14 οἰκοδομήσεσι α — 20 παλαιὰν in marg. Α (in contextu μέσην)

μίξιν δεῖ σκοπεῖν, ἀλλὰ καὶ τὴν πρὸς τοὺς τῆς αὐτῆς φύσεως κεκοινω-
νηκότας ἤτοι ἀπλανεῖς ἀστέρας ἢ τόπους ζωδιακοὺς κατὰ τὰς ἀποδεδειγ-
μένας αὐτῶν πρὸς τοὺς πλανήτας συνοικειώσεις. ὁ μὲν Ἥλιος καὶ ἡ
Σελήνη διατάσσεται καὶ ὥσπερ ἡγεμόνες εἰσὶ τῶν ἄλλων αἴτιοι γινόμενοι
τῆς κατὰ τὴν ἐνέργειαν αὐτῶν ἰσχύος τε καὶ ἀνδρίας, διόπερ ἐρήσθωσαν· ἃ
περὶ δὲ τῶν πέντε πλανωμένων ἐκθησόμεθα.

Ὁ μὲν οὖν τοῦ Κρόνου ἀστὴρ μόνος τὴν οἰκοδεσποτείαν λαβὼν
καθόλου μὲν φθορᾶς τῆς κατὰ ψύξιν αἴτιος· ἰδίως δὲ περὶ μὲν ἀνθρώ-
πους γινομένου τοῦ συμπτώματος νόσους μακρὰς καὶ φθίσεις καὶ
συντήξεις καὶ ὑγρῶν ὀχλήσεις καὶ τεταρταίους, φυγαδείας τε καὶ ἀπορίας 10
καὶ πένθη καὶ συνοχὰς καὶ φόβους καὶ θανάτους μάλιστα τοῖς τὴν
ἡλικίαν προβεβηκόσιν ἐμποιεῖ, τῶν δὲ ἀλόγων ζώων περὶ εὐχρηστα
σπάνιν καὶ τῶν ὄντων φθορᾶς σωματικὰς καὶ νοσοποιούς, ἐξ ὧν καὶ
οἱ χρησάμενοι τῶν ἀνθρώπων συνδιατιθέμενοι καταφθείρονται. περὶ δὲ
τὴν τοῦ ἀέρος κατάστασιν ψύχη φοβερά. παγώδη καὶ ὁμιχλώδη καὶ 15
λοιμικὰ καὶ νεφετῶν πλῆθος οὐκ ἀγαθῶν· περὶ δὲ ποταμοὺς καὶ θαλάσ-
σας χειμῶνας καὶ στόλων ναυάγια· ἰδίως δὲ θαλάσσης καὶ παλιρροίας
καὶ ποταμῶν ὑπερμετρίαν, κάκωσιν· πρὸς δὲ τοὺς τῆς γῆς καρποὺς
ἔνδειαν καὶ ἀπώλειαν ἤτοι ὑπὸ κάμπης καὶ ἀκρίδος ἢ μυῶν ἢ κατα-
κλυσμῶν ἢ χαλάζης ἢ τῶν τοιούτων. 20

Ὁ δὲ τοῦ Διὸς ὁμοίως μόνος τὴν κυρίαν λαβὼν καθόλου μὲν
αὐξήσεως ἐστι ποιητικός· ἰδίως δὲ περὶ ἀνθρώπους γινομένου τοῦ ἀπο-
τελέσματος δόξας ἀποτελεῖ καὶ εἰρηνικὰς καταστάσεις καὶ εὐθηνίας,
εὐεξίας τε σωματικὰς καὶ ψυχικὰς καὶ δωρεὰς ἀπὸ τῶν βασιλευόντων,
καὶ ἁπλῶς εὐδαιμονίας ἐστὶν αἴτιος. περὶ δὲ τὰ ἄλογα ζῶα τὰ μὲν 25
εἰς χρῆσιν ἀνθρωπίνην δαψίλειαν καὶ πολυπλήθειαν ἐμποιεῖ· τῶν δὲ
εἰς τὸ ἐναντίον φθορὰν καὶ ἀπώλειαν. εὔκρατον δὲ τὴν τοῦ ἀέρος κατά-
στασιν καὶ ὑγιεινὴν καὶ πνευματώδη καὶ ὑγρὰν καὶ θρεπτικὴν τῶν ἐπι-
γείων ἀπεργάζεται, στόλων δὲ εὐπλοίας καὶ ποταμῶν συμμέτρους ἀνα-
βάσεις καὶ τῶν καρπῶν δαψίλειαν καὶ ὅσα τούτοις παραπλήσια. 30

Ὁ δὲ τοῦ Ἄρεως μόνος τὴν οἰκοδεσποτείαν λαβὼν καθόλου
μὲν τῆς κατὰ ξηρότητα φθορᾶς αἴτιος· ἰδίως δὲ περὶ μὲν ἀνθρώπους
γινομένου τοῦ συμπτώματος πολέμους ἐμποιεῖ καὶ στάσεις ἐμφυλίους
καὶ αἰχμαλωσίας καὶ ἐπαναστάσεις καὶ χόλους ἡγεμόνων τούς τε διὰ

---

5 ἰσχύος A — ἐρήσθωσαν A — 12 ἐμποιεῖ A — 26 δαψιλείαν A —
30 δαψιλίαν A

τῶν τοιούτων θανάτους αἰφνιδίους, ἔτι δὲ νόσους παρεκτικοὺς καὶ τρι-
ταϊκὰς ἐπισημασίας καὶ αἱμάτων ἀναγωγὰς καὶ ὀξείας βιαιοθανασίας
μάλιστα τῶν ἀκμαίων, ὁμοίως τε βίας καὶ ὕβρεις καὶ παρανομίας καὶ
λῃστείας καὶ ἐμπρήσεις· πρὸς δὲ τὴν τοῦ ἀέρος κατάστασιν καύσωνας
5 καὶ πνεύματα θερμὰ λοιμικά, κεραυνῶν τε ἀφέσεις καὶ πρηστήρων καὶ
ἀνομβρίας· καὶ κατὰ θάλασσαν στόλων αἰφνίδια ναυάγια διὰ πνευμάτων
ἀτάκτων· τῶν δὲ ἀλόγων ζῴων καὶ τῶν ἐκ τῆς φρονίμων σπανίαν εἰς
χρῆσιν ἀνθρωπίνην ἤτοι ὑπὸ τῆς τοῦ καύσωνος καταφλέξεως ἢ βρούχου
ἢ τῆς τῶν πνευμάτων ἐκπνεύξεως ἢ ἐκ τῆς ἐν ταῖς ὑποθέσεσιν ἐμπρήσεως.

10 Ὁ δὲ τῆς Ἀφροδίτης μόνος κύριος γενόμενος τοῦ συμβαίνοντος
καθόλου μὲν παραπλήσια τῷ τοῦ Διὸς μετά τινος ἐπαφροδισίας ποιεῖ,
ἰδίως δὲ πρὸς μὲν ἀνθρώπους δόξας καὶ τιμὰς καὶ εὐφροσύνας καὶ
εὐετηρίας καὶ εὐγαμίας καὶ πολυτεκνώσεις καὶ εὐαρεστήσεις πρὸς πᾶσαν
συναρμογὴν καὶ τῶν κτήσεων συναυξήσεις καὶ διαίτας καθαρίους καὶ
15 τὰ σεβάσμια τίμια· πρὸς δὲ τὰς τοῦ ἀέρος εὐκράτων καὶ δυγρῶν καὶ
θρεπτικῶν καταστάσεις εὐκαιρίας τε καὶ αἰθρίας καὶ ὑδάτων γονίμους
δαψιλείας, εὐπλοίας καὶ ἐπιτυχίας καὶ ποταμῶν πλήρεις ἀναβάσεις, τῶν
τε εὐχρήστων ζῴων καὶ τῶν τῆς γῆς καρπῶν μάλιστα δαψίλειαν καὶ
εὐφορίαν καὶ ὄνησιν ἐμποιεῖ.

20 Ὁ δὲ τοῦ Ἑρμοῦ τὴν κυρίαν λαβὼν καθόλου μέν, ὡς ἐὰν ᾖ
συγκιρνάμενος ἑκάστῳ τῶν ἄλλων, συνοικειοῦται ταῖς ἐκείνων φύσεσιν·
ἰδίως δὲ ἐστι πάντων μᾶλλον συγκινητικός· καὶ ἐν μὲν ἀνθρωπίνοις
ἀποτελέσμασιν ὀξὺς καὶ πρακτικώτατος καὶ πρὸς τὸ ὑποκείμενον εὐμή-
χανος, λῃστειῶν δὲ καὶ κλοπῶν καὶ πειρατικῶν ἐφόδων καὶ δυσπλοίας
25 ποιητικὸς ἐν τοῖς πρὸς τοὺς κακοποιοὺς συγματισμοῖς νόσων τε αἴτιος
ξηρῶν καὶ ἐφημερίων ἐπισημασιῶν καὶ βηχικῶν καὶ ἀναφορικῶν καὶ
φθίσεων, ἀποτελεστικὸς δὲ καὶ τῶν περὶ τῶν ἱερατικῶν λόγων καὶ τὰς
τῶν θεῶν θρησκείας καὶ τὰς βασιλικὰς προσόδους καὶ τῆς τῶν ἐθίμων
ἢ νομίμων κατὰ καιροὺς ἐναλλοιώσεως τῇ πρὸς τοὺς ἑκάστοτε τῶν
30 ἀστέρων συγκράσει· πρὸς δὲ τὸ περιέχον μᾶλλον ξηρὸς ὢν καὶ εὐκίνη-

---

1 τριταϊκούς a — 4 καύσωνα A — 6 καὶ ante κατὰ om. a — 7 τε Aa
— σπανίαν scripsi, σπανίων libri — 12 δὲ om. A — 15 τίμια A — 16 inde a
καὶ ποταμῶν incipit codicis P fol. 53r — 18 δαψίλειαν A — 21 συγκιρνάμενος
μᾶλλον
P — 22 μᾶλλον P, μὲν A. μὲν a — 24 πειρατικῶν P — δυσπλοίας P — 26 ἀφη-
μερινῶν P — βυγικῶν A — 27 τὸν ἱερατικὸν λόγον A, τὸν ἱερατικὸν λόγων a
— 29 ἐναλλοιώσεως P — 30 περιέχων P

τος, διὰ δὲ τὴν πρὸς τὸν Ἥλιον ἐγγύτητα καὶ τὸ τάχος τῆς ἀνακυκλήσεως πνευμάτων ἀτάκτων καὶ ὀξέων καὶ εὐμεταβόλων μάλιστα κινητικὸς ὑπάρχει, βροντῶν τε εἰκότως καὶ πρηστήρων καὶ χασμάτων καὶ σεισμῶν καὶ ἀστραπῶν ἀποτελεστικός, ζῴων τε καὶ φυτῶν εὐχρήστων καὶ ποταμῶν ἐν μὲν ταῖς δύσεσι μειωτικός, ἐν δὲ ταῖς ἀνατολαῖς 5 πληρωτικός.

Ἰδίως δὲ τῆς μὲν οἰκείας φύσεως ἐπιτυχὼν ἕκαστος τοιαῦτα ἀποτελεῖ, συγκρινόμενος δὲ ἄλλος ἄλλῳ κατὰ τοὺς σχηματισμοὺς καὶ τὰς τῶν ζῳδίων ἐναλλοιώσεις καὶ τὰς πρὸς Ἥλιον φάσεις ἀναλόγως καὶ τὴν ἐν τοῖς ἐνεργήμασι σύγκρασιν λαμβάνων μεμιγμένην ἐκ τῶν 10 κεκοινωνηκυιῶν φύσεων τὴν περὶ τὸ ἀποτελούμενον ἰδιοτροπίαν ποικίλην οὖσαν ἀπεργάζεται. ἀπόρου δὲ ὄντος καὶ ἀδυνάτου τοῦ καθ' ἑκάστην σύγκρασιν τὸ ἴδιον ἀποτέλεσμα καὶ πάντας ἁπλῶς τοὺς καθ' ὁποιουσδήποτε συσχηματισμοὺς διεξελθεῖν οὕτω πολυμερῶς νοούμενον, εἰκότως ἂν καταλειφθείη τὸ τοιοῦτον εἶδος ἐπὶ τῇ τοῦ μαθηματικοῦ πρὸς τὰς κατὰ 15 μέρος διακρίσεις ἐπιβολῇ καὶ ἐπινοίᾳ.

Παρατηρεῖν δὲ δεῖ πῶς ἔχουσι συνοικειώσεως οἱ τὴν κυρίαν λαβόντες ἀστέρες πρὸς τὰς χώρας ἢ πόλεις, αἷς τὸ σύμπτωμα διατηραίνεται. ἀγαθοποιοὶ μὲν γὰρ ὄντες συνοικειούμενοι τοῖς διατιθεμένοις καὶ μὴ καθυπερτερούμενοι ὑπὸ τῶν τῆς ἐναντίας αἱρέσεως ἔτι μᾶλλον 20 ἀπεργάζονται τὸ κατὰ τὴν ἰδίαν φύσιν ὠφέλιμον. μὴ οὕτω δὲ ἔχοντες ἧττον ὠφελοῦσιν. τῆς δὲ βλαπτικῆς κράσεως οἱ τὴν κυρίαν λαβόντες ὁμοίως, ἐὰν μὲν συνοικειούμενοι τύχωσι τοῖς διατιθεμένοις ἢ καθυπερτερηθῶσιν ὑπὸ τῆς τῶν ἐναντίων αἱρέσεως, ἧττον βλάπτουσιν. μὴ οὕτω δὲ τυχόντες σφοδροτέραν τὴν βλάβην ἐμποιοῦσιν. καὶ τῶν ἀνθρώπων 25 δὲ οἱ κατὰ τὰς † καὶ ἐπὶ τῶν ἰδικῶν θεμάτων ὁρῶσιν αἱ ἐκλείψεις γενέσεις τοὺς ἀναγκαιοτάτους τόπους. λέγω δή, ὁπόταν τοὺς φωσφοροῦντας ἢ τοὺς τῶν κέντρων τοὺς αὐτοὺς τύχωσιν ἔχοντες τῶν τὸ αἴτιον ἐμποιούντων καθολικῶν, τουτέστι τοῖς ἐκλειπτικοῖς ἢ καὶ τοῖς τούτων διαμέτροις ἐπισφαλέστατοί τε μάλιστα καὶ δυσφύλακτοι τυγχάνουσιν αἱ μοιρικαὶ 30 θέσεις ἢ διαμετρήσεις τῶν ἐκλειπτικῶν τόπων πρὸς ὁπότερον τῶν φώτων.

1 τὴν om. Aa — ἀνακυκλώσεως P — 5 μὲν pro ἐὶ P — μὲν om. A
— 7 ἐπιτυχὼν P — 8 συγκριρνόμενος P — 10 ἀναλαμβάνων P — 11 κοινωνηκιῶν P
— 12 ὄντως P — 14 συγχηματισμοὺς P — 17 δὴ pro δεῖ P — 18 ἀστέρες om. P
— 23 διατεθειμένοις P — 26 καὶ ἐπὶ ... ἐκλείψεις om. P — 28 αὐτὸ pro αἴτιον a
— καὶ καθολικῶν P — 29 διαμέτροις om. P (scilicet initio fol. 54r) —
31 προσωπότερον P

Κ

XXI. Ἀποτελέσματα τῶν γινομένων ἐκλείψεων καὶ τῶν κομητῶν.

Ἀνέγραψαν δὲ οἱ παλαιοὶ Αἰγύπτιοι τὰ ἀποτελέσματα τὰ ἐκ τῶν ἐκλείψεων γινόμενα, ὧν παρατιθέμεθα καὶ τούτων τὰ πλεῖστα συντόμως
5 οὕτως. ἐπὶ τῶν τελείων ἐκλείψεων τὸ μὲν χρῶμα τὸ μέλαν θάνατον τοῦ ἄρχοντος καὶ ταπείνωσιν καὶ λιμὸν καὶ μεταβολὴν σημαίνει · τὸ δὲ ἐρυθρὸν τῆς χώρας κάκωσιν · τὸ δὲ ὑπόλευκον λιμὸν καὶ θάνατον τοῖς κτήνεσι καὶ ἐμπόροις · τὸ δὲ ἰῶδες πόλεμον, λιμόν · τὸ δὲ χρυσοειδὲς λοιμόν, θάνατον.

10 Τῶν δὲ ἀνέμων οἱ μὲν ἀπ' ἄρκτου πνέοντες ἢ ἑτέρου μέρους τοῦ ὁρίζοντος ἐν τῷ καιρῷ τῆς ἐμπτώσεως καὶ μονῆς ἐκείναις ταῖς χώραις ταπείνωσιν σημαίνουσιν, καθ' ὧν ἐγγὺς οὖσῶν πνεύσειαν. ἐν δὲ τῇ καθάρσει τῆς ἐκλείψεως ἄλλοι πνεύσαντες τὰς ὑφ' ἑαυτοὺς χώρας αὐξάνουσιν, οἷον ὁ μὲν βορρᾶς τὰς πρὸς βορρᾶν χώρας, ὁ δὲ νότος
15 τὰς πρὸς νότον καὶ ἐπὶ τῶν λοιπῶν ἀνέμων ὁμοίως. ἡ δὲ χώρα, ἣ πρόσκειται ὁ καθήρας ἄνεμος, ἐπιστρατεύσατα καὶ τῆς ταύτης ἐμπτώσεως κρατήσατα νικήσει · ἐπὰν δὲ δύο ἀνέμων ἡ ἔκλειψις γένηται, καθαρθῇ δὲ ὑφ' ἑνὸς ἢ δυοῖν, τὸν αὐτὸν τρόπον διαληπτέον. αἴτια γὰρ μηνύουσιν οἱ τῆς ἀνακαθάρσεως, τὰ ἐναντία δὲ οἱ τῆς ἐμπτώσεως ταῖς
20 ὑποκειμέναις αὐτοῖς χώραις · ἐὰν δὲ ᾖ ὁ αὐτὸς ἄνεμος τῆς τε ἐμπτώσεως καὶ ἀνακαθάρσεως, ταπεινώσει μὲν τὴν χώραν, οὐδεὶς δὲ αὐτῆς ἐπικρατήσει.

Σελήνης δὲ οὔσης ἐν τῇ ἐκλείψει ὅταν διάττων ἀστὴρ διαδραμὼν ἔλθῃ εἰς αὐτήν, μηνύσει τύραννον μέγαν ταπεινωθήσεσθαι καὶ ταραχὴν
25 ἕξειν τὸν οἶκον αὐτοῦ · εἰ δὲ ἄλλως περὶ τὴν Σελήνην γένοιτο ἐκλελοιπυίας, ἔσται τειχήρης ὁ τύραννος πολιορκούμενος ὑπὸ πολεμίων. ἐὰν δὲ ἐξέλθῃ ἀστήρ, ὑπ' αὐτῶν αἰχμάλωτος ἔσται. ἐκλελοιπυίας αὐτῆς βροντή γενομένη καθαίρεσιν τυράννου καὶ ταπείνωσιν τῆς χώρας σημαίνει · ἐκλεί-

1 περὶ τῶν ἀποτελεσμάτων a — καὶ τῶν κομητῶν adiecit manus recens in P — 3 ἐκ om. P — 4 γινόμενα A — 5 μίλλαν P — 8 ἐπειδὴς P — 11 μόναις P — 12 οὖσῶν om. P — 13 αὐτοῦ P — 14 αὐξήσουσι P — βορρᾶς .. βορρᾶν A, βορᾶς .. βοράν P — τῆς πρὸς βορὰν χώρας P — 15 πρὸς τὸν νότον P — νότων A — χῶρα P — 16 πρόκειται P — ἐπιστρατεύσασασα P — 17 ἐπικρατήσασα P — 20 ἐὰν .. ἐμπτώσεως om. Aa — 22 κρατήσει a — 23 ἀστὴρ διαδραμὼν om. P — 24 εἰ pro εἰς P — τύρανον P — 25 ἐκλελειπυίας P — 26 τῆς χήρης P — πολιορκούμενος P — 27 ἐκλελειπυίας P — βροντὴς P

ποντος δὲ Ἡλίου ἢ Σελήνης ὑετὸς ἐπιγενόμενος θάνατον σημαίνει. ἐὰν δὲ ἅμα τῇ ἀνατολῇ γένηται ἔκλειψις καὶ διακρατήσῃ εἰς τρεῖς ὥρας ἄχρι τῆς ἀνακαθάρσεως, τὰ σημαινόμενα ἔσται μετὰ τὴν ἔκλειψιν τριμήνου παρελθούσης· ἐὰν δὲ ἀπὸ τετάρτης ὥρας γένηται ἡ ἔκλειψις καὶ μείνῃ ὥρας δύο ἕως ἂν καθαρθῇ, ἑξαμήνου παρελθούσης ἔσται τὰ 5 σημαινόμενα· καὶ ἕως δωδεκάτης ὥρας ὁμοίως συγκρίνεται ὁ χρόνος.

Ὁλοσχερῶς δὲ φασι τὴν Σελήνην ἐκλείπουσαν ἐν μὲν τῷ Κριῷ ἀφορίαν πάντων ἔσεσθαι σημαίνειν· ἐν δὲ Ταύρῳ σίτου φθορὰν· ἐν δὲ Διδύμοις καὶ Καρκίνῳ σίτου δαψίλειαν καὶ οἴνου· ἐν δὲ Λέοντι σίτου πλῆθος κατὰ τὰ πεδία· ἐν δὲ Παρθένῳ προβάτων φθορὰν καὶ δένδρων· 10 ἐν δὲ Ζυγῷ σίτου φθορὰν ὑπὸ ἀκρίδος καὶ νόσον· ἐν δὲ Σκορπίῳ λοιμόν· ἐν Τοξότῃ ὕδωρ καὶ χάλαζαν· ἐν Αἰγόκερῳ σίτου ἐν τοῖς πεδίοις ἔσεσθαι καὶ ἀνέμους μείζονας· ἐν δὲ Ὑδροχόῳ εὐθηνίαν καὶ σίτου φθορὰν ἐν τοῖς πεδίοις· ἐν δὲ τοῖς Ἰχθύσι πρωίμους τοὺς σιτικοὺς καρπούς. 15

Τὸν δὲ Ἥλιον μὲν ἐν Κριῷ σίτου δαψίλειαν καὶ τὸ ἔτος ὑγιεινὸν ἀποδεικνύναι· ἐν δὲ Ταύρῳ σίτου φθορὰν ὑπὸ ἀκρίδος· ἐν δὲ τοῖς Διδύμοις λιμὸν ἰσχυρόν· ἐν δὲ Καρκίνῳ ὕδωρ πολὺ καὶ σίτου σπάνιν· ἐν δὲ Λέοντι σίτου σπάνιν· ἐν δὲ Παρθένῳ ἐπὶ τρίμηνον ἀπηλιώτην πνεύσεσθαι· ἐν Ζυγῷ βροντὰς καὶ λιμόν 20
. . . . ἐν Αἰγόκερῳ σίτου σπάνιν· ἐν Ὑδροχόῳ σίτου δαψίλειαν· ἐν δὲ τοῖς Ἰχθύσιν ὕδωρ ὀλίγον.

Μερικῶς δὲ ὡρίσαντο· ἐν μὲν Κριῷ ἐκλείψεως γενομένης ἔσεσθαι Αἰγύπτῳ καὶ τοῖς κατὰ Συρίαν τόποις μέγιστα κακὰ καὶ τοῖς δυνάσταις τῶν τόπων θανάτους καὶ ἐπιβουλὰς καὶ ἀναιρέσεις καὶ τῶν δοκούντων 25 ἐκπτώσεις καὶ στρατοπέδων συγκρούσεις καὶ ἁρπαγὰς καὶ ἐμπρησμούς· ἐν δὲ τῇ Λιβύῃ ὄχλων ἐπαναστάσεις καὶ τῷ ἡγουμένῳ κίνδυνον καὶ τοῖς πρὸς ἀνατολὰς καὶ ἑσπέραν.

Ἐν δὲ Ταύρῳ εὐφορίαν σίτου ἐν Αἰγύπτῳ καὶ ὄχλων ἀκαταστα-

---

1 ἐπιγινόμενος Aa — 2 διακρατήσῃ correxi, διακρατήσει libri — 5 μείνει P — ἀνακαθαρθῇ a — 8 δὲ ante Διδύμοις om. Aa — 10 τὰ om. P — 11 σκοπίῳ P — 12 σίτου A — 13 καὶ ἐν τῷ Ὑδροχόῳ Aa — 14 ἰχθύσι A — σιτικὸς pro σιτικοὺς P — κρωίμους correxi, πρόϊμους libri — 17 ἀποδεικνύναι AP — 18 λοιμὸν P — 19 δὲ ante λέοντι et alterum σίτου σπάνιν om. P, ut sit legendum: ἐν δὲ καρκίνῳ ὕδωρ πολύ, καὶ σίτου σπάνιν ἐν Λέοντι — ἀπειλιώτην P — 20 in Aa unius versus spatium intermissum est, spatium non exstat in P — 23 διορίσαντα P — γινομένης P — 25 τῶν δοκούντων om. Aa — 26 στρατοπαίδων P — 29 ἐμφορίαν P — οἴνου pro ὄχλων P

σίαν τις ἐκλείψεως γενομένης ἀπὸ τετάρτης ὥρας ἕως ἐννάτης · ἐν δὲ
Μηδίᾳ καὶ τῇ Ἑλυμαΐδι πολέμους · ἐν δὲ Κύπρῳ ἐρρώσθην · ἐν δὲ τῇ
Ἀσίᾳ πανηγύρεις, ἑορτάς, πολυπλήθειαν · ἀπ' ἀνατολῶν δὲ τῆς ἐκλείψεως
γενομένης φόνους ἐν Συρίᾳ ἔσεσθαι, τὸν δὲ δυνάστην Συρίας καὶ
5 Αἰγύπτου διενεχθέντας πρὸς ἀλλήλους μετ' ἐνιαυτὸν καὶ ἓξ μῆνας κακῶς
ἀπολεῖσθαι καὶ ὑφ' ἑτέρων διαδεχθῆναι · ἀπὸ δυσμῶν δὲ γενομένης τοῖς
πρὸς ἑσπέραν οἰκοῦσιν ἧτταν καὶ ταπείνωσιν ἔσεσθαι.

Κατὰ δὲ τοὺς Διδύμους Ἡλίου ἐκλείποντος ἐν τῇ πρώτῃ
τριώρῳ τὸν δυναστεύοντα Ἀσίας μετ' ἐνιαυτὸν τελευτήσειν · περὶ δὲ τὸ
10 τελευταῖον τρίωρον γενομένης Ἰταλίᾳ καὶ Κιλικίᾳ καὶ Λιβύῃ καὶ τοῖς
πρὸς ἑσπέραν κατοικοῦσι φθορὰν καὶ ἀπώλειαν ἔσεσθαι · τῆς δὲ Σελήνης
ἐν τῇ πρώτῃ τριώρῳ ἐκλειπούσης τῇ τῆς Ἀσίας βασιλεῖ βλάβην
ἰσχυρὰν καὶ τοῖς οἰκοῦσι καὶ τετραπόδοις φθοράν. μάλιστα προβάτοις ·
ἐν δὲ τῇ δευτέρᾳ τριώρῳ καταστραφὰς ἐν Λιβύῃ καὶ Συρίᾳ καὶ Βαβυ-
15 λωνίᾳ · ἐν δὲ τῇ τρίτῃ τριώρῳ μέρη τινὰ Αἰγύπτου καὶ Λιβύης καὶ
Κιλικίας καὶ Ῥώμης θλιβῆναι καὶ τοὺς ὑποτεταγμένους ὑπὸ τῶν ὑπερ-
εχόντων μάλιστα βλαβήσεσθαι.

Ἐν δὲ Καρκίνῳ Ἡλίου ἐκλείποντα σημαίνειν ἐν οἱῳδήποτε
τριώρῳ πάσῃ τῇ κάκωσιν καὶ ἀκαταστασίαν ἀπὸ ἀνατολῆς ἕως δύσεως
20 τοῖς οἰκοῦσιν · τὴν δὲ Σελήνην τὸν δυναστεύοντα Συρίας πρὸς ἄλλον
δυνάστην συγκρούσειν καὶ τινα μέγαν ἄνδρα ἀπολεῖσθαι, ὑπὸ δὲ τῶν
ὄχλων προδοθήσεσθαι τὸν ἡγούμενον καὶ τόπους ἐπιφανεῖς ἀφανισθή-
σεσθαι ὑπὸ σεισμῶν καὶ ἀνθρώπους ἐνδόξους ἀναιρεθήσεσθαι · ἐν δὲ
ταῖς δευτέραις τριώροις ταῖς τελευταίαις Βαβυλῶνι καὶ Αἰθιοπίᾳ φθορὰν
25 ἔσεσθαι, Ἰνδοῖς δὲ εὐστάθειαν, ἀφανισμὸν δὲ τοῖς ἁπανταχοῦ ζῴοις.

Ἐν δὲ τῷ Λέοντι ἐκλείποντα τὸν Ἥλιον κατὰ τὴν πρώτην
τρίωρον βαρβάρων στρατιὰν πολεμῆσαι τοῖς Ἕλλησι καὶ ἑλεῖν αὐτοὺς
μηνύειν · κατὰ δὲ τὴν δευτέραν τρίωρον κατ' Αἴγυπτον ἄνδρα μέγιστον

1 γενομένης P — ὥρας om. Aa — 2 μηδείᾳ A — ἐρρώσθην P — 4 γινο-
μένης P — τὸν δὲ δυνάστην bis P — 5 διενεχθέντα P · · ἐνιαυτῶν P — 6 ἀπολεῖσθαι
. . ἑτέρων om. P in extremo folio 55v, quod finitur voce διαδεχθῆναι, sed in
folio sequente verba omissa et διαδεχθῆναι denuo adduntur — 7 ἑσπερίαν P —
14 ἐν δὲ τῇ δευτέρᾳ τριώρῳ om. P — Συρίᾳ A — 15 τετάρτῃ Aa — Λιβύας A
— 16 θλιβηθῆναι Aa — τὰ ὑποτεταγμένα a — 18 σημαίνειν scripsi, σημαίνει Aa,
om. P — 19 post κάκωσιν libri habent σημαίνει — 20 post σελήνην cancri
siglum in P — ἀπολεῖσθαι quod cave ne immutaveris in ἀπολεῖσθαι, cf. pag. 85, 1
— :: pro δὲ P — 22 ἀφανεῖς P — ἀφανισθήσεσθαι A — 23 ἀναιρεθήσεσθαι P —
δὲ om. P — 26 ἐκλείποντι P — 27 ἄλλων pro Ἕλλησιν P

ἀπολέσθαι καὶ φόνους καὶ διαρπαγὰς καὶ χειροκρατηρίας ἔσεσθαι · ἐν
δὲ τῇ τρίτῃ τριώρῳ Φρυγίαν καὶ Κιλικίαν πολλὰ ἄτοπα καὶ Θρᾴκην
ἐπισχήσειν · ἐν δὲ τῇ τετάρτῃ τριώρῳ, τουτέστι δύνων, βαρβάρων ἐπίθεσιν
καὶ πτῶσιν σημαίνειν. κατὰ δὲ τὴν πρώτην τρίωρον τὴν Σελήνην
ἐκλείπουσαν ἐν Λέοντι μετ' ἐνιαυτὸν ἄνδρα δυνάστην μετ' ὄχλου πολλοῦ ;
Κύπρου ἐπιστρατεῦσαι καὶ μὴ καλῶς ἀπαλλάξαι πολλοῦ λαοῦ ἀπὸ τῆς
Αἰγύπτου ἐπ' αὐτὸν ἐλθόντος καὶ πολλῶν ἀνδρῶν ἀναιρεθέντων · ἐν δὲ
Βαβυλῶνι ἡγούμενον ἄνδρα ἀποστατῆσαι καὶ Λίβυας τὸν ἑαυτῶν ἡγού-
μενον ἀνελεῖν καὶ ἀπὸ τῆς τοιαύτης νεωτερίσεως τὴν χώραν διαφθαρῆναι ·
ἐν δὲ τῇ δευτέρᾳ τριώρῳ μοχθηρὰν τὴν θάλασσαν μηνύειν καὶ ὄχλων 10
συστροφάς · ἐν δὲ τῇ τελευταίᾳ τριώρῳ Συρίας καὶ Αἰγύπτου ὄχλοις
συγκρούσεις καὶ τοῖς πρὸς δυσμὰς οἰκοῦσιν.

Ἐν δὲ Παρθένῳ τῆς Σελήνης ἐκλειπούσης δακτύλους δύο πρὸς
νότον ἐν Αἰγύπτῳ μεγίστην πόλιν ἀνάστατον σημαίνειν καὶ τοὺς ἐπισήμους
ταπεινοὺς καὶ τὰ τέκνα αὐτῶν ἀφαιρεθήσεσθαι καὶ ὠμότητα πολλὴν 15
γενέσθαι ὑπὸ ὀχλοκρατείας καὶ φόνους, καταφεύξεσθαι δὲ πρὸς τὸν τῆς
Αἰγύπτου ἡγούμενον βοηθείας χρήζοντας · ἐν δὲ τῇ δευτέρᾳ τριώρῳ
ἐκλειπούσης τὸ ἥμισυ τοῦ κύκλου ἢ τὸ τρίτον τοῖς πρὸς βορρᾶν Αἰγυπτίοις
λύπας καὶ σερασιὰν ἐπὶ τὴν Ἀσίαν σημαίνειν καὶ ἔξωθεν ἐπιστρατεῦσαι
δυνάστην καὶ δόλους καὶ προδοσίαν γενέσθαι, ἀποσεάτησειν δὲ πολλοὺς 20
τοῦ πρότερον ἡγεμόνος · ἐὰν δὲ ἐν τῇ τελευταίᾳ τριώρῳ ἐκλείπῃ, τοῖς
πρὸς ἑσπέραν οἰκοῦσι πολλὰ κακὰ ἀπεργάζεται . τὰ δὲ αὐτὰ καὶ ἐπὶ τῶν
ἡλιακῶν ἐκλείψεων ἐσημειώσαντο.

Ἐν Ζυγῷ δὲ ἤτοι χηλαῖς τοῦ Σκορπίου Ἡλίου ἐκλείποντος
πρώτῃ ἢ δευτέρᾳ τριώρῳ ὕδωρ πολὺ γίνεσθαι ἐν τοῖς θαλασσίοις 25
τόποις πρὸς βορρᾶν, ὡς τὸν καρπὸν μὴ δύνασθαι συνελεῖν · τὸ δὲ
σύμπτωμα Ἀρκαδίᾳ, Σουσιανῇ, Βακτριανῇ, Αἰθιοπίᾳ ἔσεσθαι καὶ τῇ
περὶ τὸν Εὐφράτην χώρᾳ · ἀπὸ δὲ τετάρτης ἕως ἕκτης ἐὰν ἐκλείπῃ
καὶ περιστῇ τοῦ Σκορπίου τὸ στόμα καὶ ἀποκαθαρθῇ ἀπ' ἄρκτου, τὸν
τῆς Ἀσίας βασιλέα μετὰ ἐννέα μῆνας τοὺς προεπιβουλεύσαντας αὐτῷ 30
δολοφονῆσαι δηλοῖ καὶ ἐν Κιλικίᾳ φόνους πολλοὺς καὶ ἐν Μακεδονίᾳ

1 φόνους P — 2 θρᾴκην P — 3 ἐπισχήσειν P — 4 σημαίνει Aa —
6 καλλῶς P — ἀπαλλάξαι P — 8 αὐτὸν P — 9 νεωτερήσεως P — 10 μηνύει Aa
— 11 στροφὰς Aa — 14 νώτον P — 15 ἢ τὰ τέκνα Aa — 16 ἀπὸ ὀχλοκρα-
τηρίας P — 18 βορὰν P — 19 καὶ ante ἔξωθεν om. P — 21 τοὺς κρ. ἡγεμόνας P
— ἐκλείψεων post ἐκλείπῃ addit P — 22 πρὸς om. P — 24 ζηγῷ P — 26 βορὰν P
— 27 βακτριανῇ P, om. a — 28 χώραν P

καὶ Λιβύη καὶ Ἰταλίᾳ, ἀπὸ δὲ τοῦ τῆς ἐκλείψεως χρόνου μετὰ τρία
ἔτη, τὸν τῆς Αἰγύπτου βασιλέα πόλεμον ἐξοίσειν πρὸς τὸν τῆς Συρίας
βασιλέα καὶ ἡττηθήσεσθαι καὶ ἐν Αἰγύπτῳ στρατόπεδα συναχθήσεσθαι
καὶ στάσεως γενομένης τοὺς πρώτους ἀναιρεθήσεσθαι ὑπὸ τῶν ὄχλων·
5 ἐν δὲ τῇ τρίτῃ τριώρῳ ἐκλείποντος Ἡλίου τοῖς ἐν Φοινίκῃ καὶ Καπ-
παδοκίᾳ νόσον ἔσεσθαι· ἐν δὲ Συρίᾳ κυνῶν θάνατον καὶ μετὰ ταῦτα
ἀνθρώπων· τῇ δὲ δεκάτῃ ἢ ἐνδεκάτῃ ὥρᾳ τῆς ἐκλείψεως γενομένης
θάνατον θηρίοις καὶ τοῖς ὑποζυγίοις σημαίνεσθαι. καὶ τὴν Σελήνην δὲ
ἐκλείπουσαν περὶ τὰς πρώτας τρεῖς ὥρας πᾶσαν δυσαρεστίαν καὶ ἀηδίαν
10 ἐγγενᾶν πάσῃ χώρᾳ, καὶ βάρη τοῖς ὑποτεταγμένοις ἐπιβληθήσεσθαι,
ὡς τὰ κοινὰ θλιβῆναι καὶ τοὺς δυνάστας ἀποφυγεῖν εὔξασθαι· ἀπὸ δὲ
τρίτης ὥρας ἕως ἑβδόμης ἐκλείπουσαν τῇ Κοίλῃ Συρίᾳ καὶ Φοινίκῃ
καὶ Λιβύῃ καὶ Αἰγύπτῳ ἄνεσιν ποιῆσαι· δεκάτῃ δὲ ὥρᾳ καὶ ἐνδεκάτῃ
ἐκλείπουσαν τοῖς παραθαλασσίοις τόποις θόρυβον καὶ Ἰωνίᾳ πόλεμον
15 καὶ καρπῶν ἀφορίας σημαίνειν.

Ἐν δὲ τῷ Σκορπίῳ περὶ πρώτην καὶ δευτέραν Ἡλίος ἐκλείψας
Γαλάτας πρὸς Ἕλληνας πόλεμον ποιήσειν· ἐν δὲ Λιβύῃ πολλὰ θηρία
τὴν γῆν τέξεσθαι· ὥρᾳ δὲ τρίτῃ ἕως πέμπτης ἐκλείψας σημαίνει· Ἀρμενίᾳ,
Καππαδοκίᾳ, Λυδίᾳ, Φρυγίᾳ, Ἰωνίᾳ, Ἑλλησπόντῳ ἀηδῆ τοῖς ἄρχουσιν
20 αὐτῶν· τῇ δὲ τρίτῃ τριώρῳ ἐκλείψας τῇ χώρᾳ τῇ πρὸς ἑσπέραν ἐρήμωσιν
δηλοῖ, ὡς πόλεις εἰς πόλεις καταφυγεῖν· τῇ δὲ τελευταίᾳ τριώρῳ
ἐκλείψας καὶ δὺς πρὸ τοῦ καθαρθῆναι τὴν πρὸς ἑσπέραν χώραν μετ'
ἐνιαυτὸν ἀφανισθῆναι καὶ τὸν δυνάστην αὐτῶν ἀπολέσθαι μηνύει. ἡ δὲ
Σελήνη πρώτῃ καὶ δευτέρᾳ ὥρᾳ ἐκλείψασα Αἰθιοπίᾳ καὶ τοῖς ἐνοικοῦσι
25 σπάνιν ἔσεσθαι δηλοῖ· τρίτῃ δὲ καὶ τετάρτῃ καὶ πέμπτῃ Συρίᾳ, Κιλικίᾳ
καὶ Φοινίκῃ καὶ Αἰγύπτῳ πόλεμον ἔσεσθαι· καὶ ἀκρίδα πολλὴν καὶ τὰ
θηρία καταδείσεσθαι τοὺς καρποὺς καὶ πολλὰ παράδοξα σημεῖα ἐπιγενή-
σεσθαι· ἐὰν δὲ ὀγδόῃ ἢ ἐννάτῃ ἕως δυσμῶν ἐκλείψῃ, τῆς μὲν Αἰγύπτου
τοὺς ὄχλους ἀπειθῆσαι τῷ ἡγουμένῳ καὶ μεγάλους ἄνδρας ἀναιρεθῆναι,
30 Εὐβοίᾳ δὲ καὶ τῇ Περσῶν χώρᾳ συμφορὰς σημαίνει.

3 βασιλέα om. P — 8 θηρίοις τοῖς omisso καὶ P — 10 ἐγγενᾶν P
— 12 εὐδόμης A — 14 Ἰωνία correxi, ἰωνίας Aa, ἰονίαν P — 17 Γαλάτας
scripsi, γαλάταις libri — 18 τέξεσθαι scripsi, τέξασθαι P, τεύξεσθαι Aa —
19 ἰωνία P — ἑλλησπόντῳ P — τοῖς τι P — 20 τρίτῃ om. a — 21 εἰς πόλεις P
— 23 ἀφανισθήσεσθαι P — 24 pro πρώτῃ καὶ δευτέρᾳ ὥρᾳ P habet a ς β ὅρια
— 25 σπανήσεσθαι P — τι P — 26 καὶ αἰγύπτῳ A in marg. — κατὰ pro καὶ
τὰ P — 27 κατεδίσεσθαι scripsi (sed κατίδεσθαι exstat pag. 87 lin. 21), κατα-
δίσασθαι Aa. καταδύσασθαι P — 28 ἐκλείψει P — 29 τοὺς om. P

Ἐν δὲ Τοξότῃ Ἥλιος ἐκλείψας ἐν ταῖς πρώταις τέσσαρσιν
ὥραις Κρήτην ἐμφύλιον πόλεμον ἕξειν, στάσεις δὲ καὶ πόλεμον παν-
ταχῇ· πέμπτῃ ἢ ἕκτῃ ἢ ἑβδόμῃ ὥρᾳ Σκυθία τοῖς Ἕλλησι πόλεμον,
ἐν δὲ Συρίᾳ ἐπίλυσιν βαρβάρων καὶ πόλεμον. Βαβυλῶνι δὲ φθορὰν
δηλοῖ· ἀπὸ δὲ ὀγδόης ὥρας ἕως δωδεκάτης πόλεις ἐπιθαλασσίας ἀνα- 5
στάτους ἔσεσθαι καὶ τὰ κοινὰ αὐτῶν διαφθαρῆναι καὶ τοῖς τῆς Ἀσίας
καὶ Αἰγύπτου δυνάσταις ἀντιλογίαν ἔσεσθαι τήν τε Σουσιανὴν χώραν
ὑπὸ τῆς παρακειμένης καταδραμηθῆναι σημαίνει. τῆς δὲ Σελήνης
ἐκλειπούσης ἐν ταῖς τετάρταις πρώταις ὥραις κίνησιν στρατιωτικὴν καὶ
τοῖς ἔχουσι τὰ κοινὰ ταραχὰς καὶ φόβους ἔσεσθαι καὶ νόσους περὶ 10
τοὺς ὀφθαλμοὺς κατὰ τὸ φθινόπωρον καὶ πολλοῖς τόποις ἔσεσθαι τὰ
σημεῖα Καρίᾳ, Ἰωνίᾳ, Αἰγύπτῳ, Ἀραβίᾳ, Βαβυλωνίᾳ, Μεσοποταμίᾳ καὶ
τῇ παρὰ τὸν Νεῖλον καὶ Εὐφράτην μέχρι τῆς Ἐρυθρᾶς θαλάσσης καὶ
μέχρι Ἐλυμαίδος καὶ τὸ ἔτος ἀπατηλὸν καὶ ὑπόψυχρον καὶ λυπηρόν,
ὡς καὶ τοῖς ἀνθρώποις ὑποψίας μοχθηρὰς ἐγγενέσθαι καὶ ἄλλον ἄλλῳ 15
δόλους τεκτήνασθαι, ὡς καὶ τοὺς κακούργους τὰ τῶν πλησίον ἀφελέσθαι
καὶ χρημάτων ἐπιγραφὰς γενέσθαι τοῖς πλουσίοις· ἀπὸ δὲ τετάρτης
ἀρχομένης ἕως δεκάτης βαρβάρων στρατεύματα ἐπὶ τοὺς Ἕλληνας καὶ
παρὰ Μακεδονίαν θόρυβον σημαίνει καὶ τοὺς πρωτεύοντας πεσεῖν· ἐν
δὲ ταῖς λοιπαῖς ὥραις τοὺς πρὸς ἑσπέραν οἰκοῦντας ἑαυτοὺς πολιορκῆσαι 20
δηλοῖ, ὡς τοὺς νεκροὺς αὐτῶν κατέδεσθαι τὰ θηρία.

Ἡλίου δὲ ἐν Αἰγόκερῳ περὶ τὴν πρώτην τρίωρον ἐκλείποντος
τοῖς πρὸς νότον οἰκοῦσι κακὰ σημαίνει· περὶ δὲ δευτέραν τρίωρον κακὰ
Ἐλυμαίᾳ, Περσίδι, Μηδίᾳ, Γερμανίᾳ, Ἰνδίᾳ δηλοῖ καὶ τοῖς πρὸς ἀνατολὰς
καὶ ἀπηλιώτην οἰκοῦσιν· ἐν δὲ τῇ τρίτῃ τρίωρῳ τοῖς ἐν τῷ Πόντῳ 25
πόλεμον καὶ τοῖς ἐν τῇ Ἀσίᾳ καὶ Κύπρῳ καὶ τοῖς πρὸς νότον οἰκοῦσι
σημαίνει καὶ νόσους καὶ φθορὰς καρπῶν καὶ φυτῶν καὶ γῆς· ἐν δὲ τῇ
τελευταίᾳ τρίωρῳ τετραπόδων διαφθορὰν τῶν ἐν τῇ δύσει. Σελήνη δὲ
ἐν Αἰγόκερῳ ἐκλείψασα ἐν τῇ πρώτῃ τρίωρῳ ἄνδρα μέγαν ἐπὶ τὴν
Αἴγυπτον ἐκ τῆς Ἀσίας στρατεύσασθαι καὶ τὸν ἡγούμενον αἰχμαλωτίσαι 30
καὶ τοὺς ὄχλους τοὺς μὲν διαφθεῖραι, τοὺς δὲ ὑποχειρίους ἔχειν

2 κρήτη Ra — πόλεμοι Δa — 3 Ἰβηρία ante Σκυθία P — 5 ὀγδόμης a
— 6 κόνα P — 11 φθινόπωρον P — 12 ἰωνία P — ἀρραβίᾳ P — 13 ἐρυθρᾶς A
in marg., πολλὰς in textu — 14 ἐχυμαίδος Δa — καράψυχον P — 15 ἐποψίας P
— ἄλλως P — 19 περὶ μακεδονίας P — 20 πολιορκῆσαι P — 24 σελυμαία A,
σημαίνει a — μηδείᾳ A — ἀνατολὴν P — 25 ἀπειλιώτην P — 27 ἔτι δὲ νόσους P
— 28 ἐν ante Αἰγοκ. om. AP — 30 στρατεύσεσθαι P — αἰχμαλωτίσαι P

σημαίνει· μετὰ δὲ τὴν τούτων ἀπαλλαγὴν ἔσεσθαι ἐμφύλιον πόλεμον καὶ
ὀχλοκρατίαν καὶ τοὺς πρώτους κατακοπῆναι καὶ ἀποστατῆσαι δὲ ἄλλους
τοῦ ἡγουμένου καὶ ἄλλον ἄλλου ἀφελέσθαι τὰ κτήματα, τοὺς δὲ δεσπότας
αὐτῶν δι' ἔνδειαν ἐπαιτῆσαι τροφήν· ἐν ταῖς ἑξῆς ἄχρι τῆς ὀγδόης ὥρας
5 ἐκλειπούσης νοσήματα περιοδικὰ ἐπελεύσεται ἀπὸ ἀνατολῆς μέχρι δύσεως
καὶ Φοινίκη ὑπὸ τῶν ἔξω πολιορκηθήσεται, ὁ δὲ πολιορκῶν οὐδὲν ἀνύσει
διὰ τὸ ἐπικοινωνεῖν τῷ Αἰγόκερῳ τὸ τῆς Εἰληθυίας ζῴδιον ἀκέφαλον
ὄν· ἐν δὲ ταῖς τελευταίαις ὥραις ἐκλείπουσα ἢ καὶ ἔχουσά τι μέρος
τῆς ἐκλείψεως δύνει, σημαίνει στράτευμα ἔξωθεν ἐπὶ τὴν Ἀσίαν ἐλεύ-
10 σεσθαι καὶ ὁ πρότερον δυναστεύων ἀπὸ τῶν ἰδίων ἐγκαταλειφθεὶς ἁλώσε-
ται· μετὰ χρόνον δέ τινα οἱ προεπιβουλεύσαντες τῷ δυνάστῃ τίσουσι
δίκας.

Ἐν δὲ Ὑδροχόῳ Ἥλιος ἐκλείψας τῇ πρώτῃ τριώρῳ τῷ πρὸς
εὖρον μέρει Μεσοποταμίᾳ, Ἀραβίᾳ, Συρίᾳ Κοίλῃ, Αἰγύπτῳ, Αἰθιοπίᾳ.
15 Λιβύῃ καὶ τοῖς πρὸς ἑσπέραν πᾶσι σημαίνει ὄχλων ἔσεσθαι συστροφάς·
ἐν δὲ τῇ δευτέρᾳ τριώρῳ ἐκλείπων τοὺς καρποὺς βλαστήσαντας ἐπιτενεῖς
ποιήσει καὶ ἔνυδρα πολλὰ γενόμενα ἀπολεῖται· τῇ δὲ τρίτῃ τριώρῳ ἔριν
καὶ στάσιν προμηνύει ἔσεσθαι Ἰταλίᾳ, Κιλικίᾳ, Λιβύῃ. Λακωνικὴ καὶ
ταῖς ἐν αὐταῖς πόλεσι πρὸς ἀλλήλας· ἐν δὲ τῇ τελευταίᾳ τριώρῳ ὁμοίως
20 τὰ αὐτὰ σημαίνει. ἡ δὲ Σελήνη ἐκλείπουσα ἐν τῇ πρώτῃ τριώρῳ
ὅλη, ἢ τὸ δίμοιρον μέρος παρὰ τῶν δυναστῶν τοῖς ἐν Κιλικίᾳ πολλὰ
ὀχληρὰ ἐπιταχθήσεσθαι καὶ βαρέα σημαίνει· ἐν δὲ τῇ δευτέρᾳ τριώρῳ
ὁμοίως· ἐν δὲ τῇ τρίτῃ περὶ Κύπρον ἄκοπόν τι ἔσεσθαι καὶ λυπηρόν,
Τυρρηνούς τε καὶ Ἰταλοὺς νόσοις περιπεσεῖσθαι χαλεπαῖς· ἐν δὲ τῇ
25 τελευταίᾳ τριώρῳ τοὺς ἐν τῇ περιχώρῳ Λιβύης τοῖς τὰς πόλεις οἰκοῦσι
πολεμήσειν σημαίνει· καὶ τοὺς καρποὺς αὐτῶν ὑπ' ἄλλων τρυγηθῆναι
καὶ τὰς ὁδοὺς ἀποκλεισθῆναι.

Ἐν δὲ τοῖς Ἰχθύσιν ὁ Ἥλιος ἐκλείπων ἐν τῇ πρώτῃ τριώρῳ
ὅλος ἢ τὸ δεύτερον μέρος τοῦ κύκλου τὸν τῆς Ἀσίας δυνάστην ὑπὸ

1 ἐμφύλιον P — 2 ὀχλοκρατείαν AP — ἄλλως P — 4 ἀχρήστοις pro
ἄχρι τῆς P — 6 πολιορκηθήσεται AP — 7 τῷ τῆς P — εἰληθυίας A, ἠλι-
θίας P — 8 ὧν P — 9 στρατεύματα P — 11 ὁπότερον a — 11 δυνάστει P —
13 τῷ ὑδροχόῳ P — τῇ πρώτῃ om. P — 14 σημαίνει· post μέρει addit P — ἀρ-
ραβίᾳ P — καὶ Συρίᾳ P — 15 ταῖς A — σημαίνει· scripsi, pro quo καὶ libri —
17 ἔνυδρα P — γενόμενα a — 19 ἐν ταῖς αὐταῖς πόλεσι omisso καὶ a · 22 ἐπι-
ταχθήσεσθαι A, ἔσεσθαι P — 24 τυρρηνούς P — νόσους A — 25 λίβυας P —
27 ἀποκλισθῆναι P — 28 ἰχθύσιν AP — 29 ὅλη A, ὅλον a — δίμοιρον pro
δεύτερον P — τὸν om. Aa

βαρβάρων μηνύει· ταπεινωθήσεσθαι καὶ πολλὰ ἀποβαλεῖν καὶ μετὰ
τριετίαν μικρῷ πλίον ἄλλον τὴν ἐξουσίαν ἀπολαβεῖν· τετάρτῃ δὲ καὶ
πέμπτῃ ἐκλείπων ἀπὸ πολλῶν τὴν Αἴγυπτον καὶ Συρίαν ὀχληθήσεσθαι·
ἑβδόμῃ δὲ καὶ ὀγδόῃ χαλεπὰ πείσεσθαι Ἀρμενίαν, Καππαδοκίαν, Φρυ-
γίαν, Ἰωνίαν. Λυδίαν, Ἑλλήσποντον· δεκάτῃ δὲ καὶ ἐνδεκάτῃ ὥρᾳ ἐκ- 5
λείψας θάνατον ἀνθρώποις ἔσεσθαι ἀπὸ τῆς βαρβάρων χώρας εἰς
Ἕλληνας καὶ τοῖς παραθαλασσίοις τόποις λοιμὸν σημαίνει. καὶ Σελήνη
δὲ ἐκλείπουσα ἐν τῇ πρώτῃ τριώρῳ Αἰγυπτίοις νόσους φόνους πράξεις
ἀλώσεις δηλοῖ· ἐν δὲ τῇ δευτέρᾳ τριώρῳ Αἰγυπτίοις ἐπὶ τέκνων δυνάστου
πένθος καὶ φθορὰν αὐτῷ τῷ δυνάστῃ καὶ νόσον χαλεπὴν καὶ ἐπισφαλή. 10
Κύπρον δὲ ἀκριβῶ πολλὴν λυμανεῖσθαι προμηγνύει· ἐν δὲ τῇ τρίτῃ
τριώρῳ λῃστείας κατὰ θάλασσαν πανταχοῦ γενέσθαι· ἐν δὲ τῇ τελευταίᾳ
μερίδι τῶν ὡρῶν ἐκλείπουσα ἐχθρῶν ἄλωσιν πανταχοῦ σημαίνει. Μήδοις
δὲ πρὸς ἀλλήλους πόλεμον· Σελήνης δὲ ὁμοχρόου γενομένης τῷ ἀέρι
ἤτοι τῆς ἐκλείψεως αὐτῆς θάνατον ἀνθρώπων ἀπανταχοῦ σημαίνει. 15
Καθολικῶς δὲ ἐσημειώσαντο Αἰγόκερῳ, Ὑδροχόῳ, Ἰχθύσι, Κριῷ
ἐκλείψεως γενομένης βλάβην βασιλεῦσι σημαίνειν· Ταύρῳ δὲ καὶ Διδύ-
μοις καὶ Καρκίνῳ καὶ Λέοντι ὄχλων ἀκαταστασίας καὶ ταραχὰς καὶ
ἔριν· Παρθένῳ δὲ καὶ Ζυγῷ καὶ Σκορπίῳ καὶ Τοξότῃ ἱεροῖς τόποις
καὶ χώραις ἐλώθεσιν· τὰς δὲ ἐν τῷ αὐτῷ μηνὶ τῆς Σελήνης καὶ τοῦ 20
Ἡλίου γινομένας ἐκλείψεις ἐκ διαμέτρου ἀποτελεῖν παρετηρήσαντο ἐκ
τῆς συγκράσεως ἑκατέρας· ἐκλείψεως τῶν προεκτεθειμένων ἀποτελεσμά-
των. ἵνα δὲ μὴ μακρὸν τὸν ὑπομνηματισμὸν ποιήσωμεν. ἀφήσθω τοῦτο
τοῖς εὐεπιβόλοις ἀφ᾽ ἑαυτῶν ἐπιγνῶναι.

XXII. Περὶ τῶν ἐν ταῖς ἐκλείψεσι σημείων. 25

Τὰ δὲ ἐν ταῖς ἐκλείψεσι γινόμενα σημεῖα προκείσθω τῷ μέρει
τούτῳ. ἐὰν οὖν ἐκλείψεως γενομένης ἀστέρες διᾴττωσιν εἰς τὸ αἴτημα

2 τριταίαν P — 4 κάθη ἔσεσθαι pro πείσεσθαι P — 5 ἰονίαν P — ἑλή-
σποντον P — 7 ἕλληνας P — ἡ σελήνη, P — 8 αἰγυπτίους P — 9 α pro δευτέρᾳ A
— αἰγυπτίους P — δυνάστει P — 10 ἐπισφαλήν P — 11 λυμαίνεσθαι P — προσ-
μηγνύει P — 12 καὶ pro κατὰ P — 12 γενέσθαι... πανταχοῦ om. a — 15 παν-
ταχοῦ P — 16 διεσημειώσαντο P — 17 βλάβην om. Aa — σημαίνειν scripsi,
σημαίνει libri — 19 ἔριν scripsi, ἔρις AP, ἱρὸς a — καὶ κοιναῖς post τόποις
addit P — 22 προεκτεθειμένων P — 23 δὲ om. P — ἀφείσθω AP — 24 εὐεπι-
βόλοις P — 25 hanc Hephaestionis astrologiae particulam e codice Lauren-
tiano XXXVIII 34. quem litera M significamus, edidit A. Ludwich in calce

9

τῆς Σελήνης, δηλοῦσι μάχην πολεμίων κατὰ τὸ κλίμα τὸ προσοικειούμενον
τῷ ζῳδίῳ · ἐὰν δὲ ὄμβρος ἐπιγένηται ἐκλείψει Ἡλίου ἢ Σελήνης, νόσους
θανατηφόρους ἔσεσθαι μηνύει.

Ἐὰν δὲ ὁ Ἥλιος ἐν Κριῷ ὅλος ἐκλείπῃ ἢ καὶ ἀμαυρωθεὶς
5 γένηται· ὡς κάτοπτρον ἢ ὡς αὐγὰς Σελήνης ἔχων ἄνευ ἀκτίνων, ἐν
Συρίᾳ μεγάλων ἀνθρώπων καὶ ἐνδόξων ἀπώλειαν σημαίνει. ἐν δὲ Ταύρῳ
ἐὰν τὸ τοιοῦτον φανῇ, ἐπὶ δύο ἡμέρας ἐπιτατικώτερον καὶ πλείοσιν
ἔσεσθαι· ἐὰν δὲ ἐρυθρὸς γενόμενος δι' ὅλης τῆς ἡμέρας, ὥστε καὶ τὰ
ἐδάφη ἀντανγεῖν αἱμωπά, φθορὰν καρπῶν καὶ ἀνθρώπων δηλοῖ καὶ
10 φόνους ἔσεσθαι πολλαχοῦ. ἐὰν δὲ ἐν Διδύμοις αἱματώδης γένηται
ἀπὸ ἀνατολῆς ἕως δύσεως, Λιβύῃ καὶ Κιλικίᾳ κατὰ πολλὰ σημαίνει
καὶ καρπῶν ἀφορίαν. ἐὰν δὲ ἐν Καρκίνῳ αἱματώδης γένηται, ταράξει
τὴν Ἰνδῶν καὶ Σύρων καὶ Αἰγυπτίων βασιλείαν. ἐὰν δὲ ἐν Παρθένῳ,
σφαγὰς ἔσεσθαι καὶ ὄχλων ἐπαναστάσεις τῷ ἡγουμένῳ προαγορεύει. ἐν
15 Χηλαῖς δὲ ἐρυθρὸς γενόμενος ἀποστατῆσαι τοὺς ὄχλους τοῦ ἡγου-
μένου Λιβύης · ἀμυδρὸς δὲ γενόμενος ἀνατέλλων πόλεμον ἔσεσθαι καὶ
στενοχωρίαν ἐν Λιβύῃ καὶ Κιλικίᾳ καὶ Ἰταλίᾳ καὶ Φοινίκῃ καὶ τοῖς
πρὸς ἑσπέραν οἰκοῦσιν. ἐν δὲ Σκορπίῳ Λιβύῃ καὶ Αἰθιοπίᾳ κακόν
τι μηνύει. ἐν δὲ Τοξότῃ ἀνατείλας ὡς κομήτης ἐρυθρὸς τῷ τῆς
20 Ἀσίας ἡγουμένῳ πόλεμον σημαίνει· ἐὰν δὲ τὴν κόμην πρὸς βορρὰν
ἀποτείνῃ, λύπας καὶ δενδρικοῦ καρποῦ ἀφορίαν ἀποτελέσει. ἐν δὲ
Αἰγόκερῳ ἀμαυρωθεὶς τῷ ἡγουμένῳ Αἰγύπτου καὶ τοῖς ὑπ' αὐτὸν
χειμῶνα καὶ θόρυβον σημαίνει. ἐν δὲ Ὑδροχόῳ γενόμενος ἐρυθρὸς

editionis Maximi et Ammonis (Lips. 1877) p. 122 sqq. Ceterum Hephaestionis
nomen in codice nusquam comparere videtur, cf. supra p. 12 — 26 τῆς ἐκλείψεως P
— γινόμενα om. P — προσιείσθω AM — 27 νυκτερινῆς pro οὖν M — ἔλμμα
(ἔκλειμμα Ludwich) pro αἴτημα M

1 προσοικειούμενον M, προσοψικειωμένον Ludwich — 3 σημαίνει pro μηνύει Aa
— 4 ἐν κριῷ om. M — ἐκλείπῃ A — 5 ὡς om. AaP — κάτοπτρον A, κατὰ
κόπρον P (κάτοπτρον man. rec.) — ἀκτινῶν pro ἀκτίνων Aa — 7 τὸ om. AaP
— ἐπιτατικώτερον PM, ἐπιτατικώτερον falso Ludwich — πλείοσιν P — 8 δὲ
om. AaP — 9 ἀντανγῆναι ἔχοντα omisso αἱμωπά P — αἱμωπαὶ Aa — 10 φθόνους P —
πανταχοῦ P — 12 ἐν καρκίνῳ δὲ αἵματ. γενόμενος M — 13 ἐν δὲ παρθ. omisso ἐὰν M
— 14 προσαγορεύει A, προσαγορεύσει M — 15 τὸν ὄχλον P — 17 καὶ κιλικίᾳ . .
φοινίκῃ om. Aa — 19 σημαίνει pro μηνύει Aa — ἀνατολὰς P — 20 βορρᾶς P
— 21 ἀποτείνει P — λύπους Aa — 22 in M Capricorni signum ante Sagit-
tarium commemoratur — 23 δεινὰ ante χειμῶνα habet P, δεινὰ omissa voce
χειμῶνα M — γινόμενος P

ἐπιθήσεσθαι τὰ στρατόπεδα τοῖς φίλοις τοῦ βασιλέως τοῦ κατὰ νότον προαγορεύει. ἐὰν δὲ τοῖς Ἰχθύσι κομήτης γένηται καὶ ἄλλος τις ἱερὸς ἀστὴρ ὀφθῇ ἐκ τῶν δρόμων, ἐν Αἰγύπτῳ καὶ Συρίᾳ φόνους καὶ σφαγὰς ἔσεσθαι λέγουσι καὶ πολλὰ παράδοξα καὶ ἄσεμνα καὶ τερατώδη καὶ ἐπὶ πολὺν χρόνον ἀκαταστασίαν. 5

Ἐὰν δὲ ἐν Κριῷ Ἡλίου ὄντος ἀστέρες ὀφθῶσιν ἡμέρας, ἐπαναστάσεις καὶ σφαγὰς μηνύουσιν. ἐὰν δὲ ἐν Τοξότῃ ἡμέρας ἀστὴρ ὀφθῇ, πόλεμον ἐν Αἰγύπτῳ καὶ Ἀσίᾳ προαγορεύει. ἐὰν δὲ ἐν Αἰγόκερῳ τὸ ἱερὸν ἄστρον διαδράμῃ μέγα ποιοῦν φῶς, ταῖς παραθαλασσίαις πόλεσι ταῖς πρὸς νότον λύπας καὶ πήματα σημαίνει. ἐν δὲ τῷ Ὑδροχόῳ 10 ἀστέρες φανέντες ἡμέρας πόλεμον ἐν Αἰγύπτῳ καὶ ἀθροίσεις ἐπ' ἀδικίᾳ προλέγουσιν. ἐὰν δὲ ἐν Ἰχθύσιν ἄστρον τι ὀφθῇ ἡμέρας ἐν ᾧ δὴ τόπῳ, ἀνάγκας τοῖς ἐκεῖσε ἀνθρώποις καὶ κακῶν αὔξησιν καὶ δόλους κεκρυμμένους σημαίνει.

Τὰς δὲ γινομένας ὑπὸ γῆν ἐκλείψεις τελείας σεισμῶν αἰτίας 15 ὑπάρχειν ὡς ἐπὶ τὸ πλεῖστον ἐστημειώσαντο τό τε βασιλικὸν τρίγωνον τὸ διὰ Κριοῦ καὶ Λέοντος καὶ Τοξότου βασιλεῦσι καὶ τῇ βασιλείῳ αὐλῇ· καὶ Ἡλίου μὲν ἐκλείποντος θάνατον τοῖς κατὰ ἀνατολὴν καὶ τὴν Ἀσίαν τυράννοις ἢ ἡγουμένοις σημαίνεσθαι· τῆς δὲ Σελήνης τοῖς κατὰ τὴν Εὐρώπην καὶ δυσμάς. ἐξαιρέτως δὲ κατὰ τὸν Ὑδροχόον καὶ τὸν Λέοντα 20 ἐκλείποντος τοῦ Ἡλίου πειρώσεις, ξηράνσεις τῶν ποταμῶν καὶ τῶν ὑδάτων γίνεσθαι, κατὰ μὲν τὸν Ὑδροχόον τῶν κατ' ἄρκτον, κατὰ δὲ τὸν Λέοντα τῶν κατ' Αἴγυπτον καὶ μεσημβρίαν τάς τε Ὠκεανοῦ κατὰ τε ἀνατολὰς καὶ τὰς δύσεις, ὑποχωρήσεις, πλημμύρας καὶ ἀμπώτεις τοῦ τε Ἀτλαντικοῦ πελάγους καὶ τῆς Ἐρυθρᾶς θαλάσσης τὰς καθ' 25 ἕκαστον νυχθήμερον γινομένας ὑπὸ τῶν τῆς Σελήνης ἀνατολῶν καὶ καταδύσεων σαλεύεσθαι καὶ κινεῖσθαι ἐκ βάθρων σημαίνει.

XXIII. Περὶ ἐπισημασιῶν τῆς τοῦ Κυνὸς ἐπιτολῆς καὶ τῶν πρὸς αὐτὴν ἀστέρων.

Παρετήρησαν δὲ οἱ παλαιγενεῖς σοφοὶ Αἰγύπτιοι καὶ τὰς τῆς 30 Σώθεως ἐπιτολὰς ἐν ταῖς εἰκοσιπέντε τοῦ μηνὸς Ἐπιφὶ καὶ τὰ τούτων

1 τοῦ ante κατὰ om. M   2 διαγορεύει PM — ἄν P — ἰχθύσι A —
4 στέλλεις pro σφαγάς M — 5 ἀκαταστασίαν om. M — 6 ὀφθ. ἀστ. P — 7 μηνύουσιν M — 8 προαγορεύει A — 9 ταῖς ante πρός om. M — 11 ἡμέρα a —
12 προλέγει AMa, προελέγε P, correxit Ludwich — φανῇ pro ὀφθῇ P — 14 κεκρυμμένους P — 16 ὑπαρχὴν M, quod falso in textum recepit Ludwich — βασιλικῶν

92

ἀποτελέσματα ἐξέθετο. ὧν πλείστων ὄντων ὀλίγα καὶ εὐσύνοπτα παρα-
τιθέμενοι.

Ἀνατειλάντα τοίνυν ἡ Σῶθις χρονοειδὴς εἰς ἅπαντα γίνεται
σύμφορος· εὐφορίαν γὰρ καὶ τὰ κάλλιστα τῇ χώρᾳ μηνύει τάς τε
5 ἀναβάσεις καὶ ἀποβάσεις τῶν ὑδάτων ἐν δέοντι καιρῷ καὶ κατὰ λόγον
μηνύει· ὁμοίως τε καὶ τὸν σπόρον καὶ τὰ λοιπά. σκοτεινοῦ δὲ τοῦ ἄστρου
ἀνατείλαντος πᾶν τοὐναντίον ἔσται καὶ τὰ γεννήματα ἐν σπάνει καὶ αἱ
κύουσαι ἐκτρώσονται.

Ἐπιτείλας δὲ ὁ ἀστὴρ μέγας καὶ λαμπρὸς βορέου πνέοντος καὶ
10 τὴν ἀνάβασιν κατὰ λόγον καὶ τὰ λοιπὰ ἐπὶ συμφέροντι μηνύει, σπό-
ρους ἐπιτηδείους καὶ εὐφορίαν τῷ τε τῆς χώρας βασιλεῖ νίκην κατὰ
τῶν ἀντιπάλων· μικρὸς δὲ καὶ σκυθρὸς ἀνατείλας βορέου πνέοντος
ἐπιστρατεύσασθαι τῇ χώρᾳ τοὺς ἐκτὸς καὶ οὐ καλῶς ἀπαλλάξειν. τὴν
τε ἀνάβασιν τοῦ Νείλου ἔσεσθαι κατὰ λόγον καὶ τὰς τιμὰς ἐλαττωθῆναι·
15 μέγας δὲ καὶ λαμπρὸς λιβὸς καὶ νότου πνέοντος ἀμιξίας τε καὶ θανά-
τους μετρίας τε ἀναβάσεις καὶ λιμὸν μηνύει· ἀνατείλας δὲ μέγας καὶ
λαμπρὸς βορέου καὶ ἀπηλιώτου πνέοντος τὸν βασιλέα τῆς χώρας
καταλείψειν τὸν ἑαυτοῦ θρόνον καὶ ἀφανῆ γενέσθαι καὶ πόλεμον ἔσεσθαι·
μικροῦ δὲ ἀνατείλαντος βορέου καὶ ἀπηλιώτου πνέοντος ἀνάβασιν κατὰ
20 λόγον ἔσεσθαι καὶ κρατηθῆναι τὰ Αἰθιόπων δι᾽ ἀλκῆς σημαίνει· μέλας
δὲ ἀνατείλας λοιμὸν ποιεῖ, χλωρὸς δὲ νότους. πυρρὸς δὲ πόλεμον καὶ
σφαγάς.

Ἐπισκοπητέον δὲ καὶ τὴν Σελήνην καὶ τοὺς πέντε ἀστέρας πῶς
ἔχουσι σχήματός τε καὶ κινήσεως καὶ χρώματος πρὸς τὸ ἄστρον ἐν τῇ
25 ἐπιτολῇ αὐτοῦ· τὸ γὰρ χρῶμα τὰ πάθη σημαίνει. τὰ δὲ σχήματα καὶ
ὁποία ἡ κίνησις ἢ οἱ στηριγμοὶ ἐνεχύρασαν ἢ ἀσθενῆ τὴν ἐνέργειαν
ἐργάζονται· πᾶς δὲ ἀστὴρ ἀπογειότατος μὲν ὢν ὧν ἐπικοινωνεῖ πως τῆς

τριγώνων τοῦ Γ — 19 σημαίνει Aa — τοῖς scripsi, τῆς APa, om. M — 21 ἐκλεί-
ποντος om. Aa — 23 μετριμβρίαν P — 24 ἐμπτώσεις APa — 25 ἀντιλαντικοῦ Aa,
ἀντιλατικοῦ M — 26 νυκθήμερον A — γιγνομένας BM — 28 hoc caput reperitur
etiam in codice Parisino graeco 2419, cf. supra p. 13, cuius libri lectiones
intellegendae sunt, ubi a nostris libris manuscriptis verba corrupta exhibentibus
lucile recessimus — αὐτὸν ἐπιστ. P — 30 παρίστησαν Aa
1 ὢν scripsi, ὡς APa — 4 εὐφοριῶν APa — μάλιστα P — 6 δὲ correxi,
τε APa — 7 σπάνη P — γεννήματα P — 10 ἐπισυμφέρον τι A — 12 ἀντιπάλ-
λων P — 14 κατὰ λόγον om. APa — 15 ἀμιξίας P — 16 λοιμὸν P — 19 πρὸς
ante βορέου P — 21 πυρρὸς A — 26 ἢ ποία κίνησις AP, ἢ ποιά κ. a —
ἀσθενῆ P — 27 ὢν μὲν Aa

δυνάμεως τού ἀνωτέρου ἀστέρος· περιγειότατος δὲ μεταλαμβάνει τῆς
τοῦ κατωτέρου· κατὰ μέσα δὲ κινούμενος ἕκαστος κινήματα τὴν ἰδίαν
ἔχει δύναμιν καθαρεύων τῆς τῶν ἄλλων ἀστέρων κοινωνίας.

Ὁ δὲ τοῦ Κρόνου περιγειότατος γενόμενος ψυκτικώτατος γίνεται
καὶ τὰ ἐπὶ τῆς οὕτω συνδιατίθεται· ἡ δὲ Σελήνη περιγειοτάτη τυχοῦσα 5
τὰ τῆδε μᾶλλον συναλλοιοῖ ἥπερ ἐν ταῖς ἄλλαις αὐτῆς θέσεσιν· οἱ δὲ
μεταξὺ ἀστέρες, ὡς ἔφην, ἐπικοινωνοῦσι τῆς ἀλλήλων δυνάμεως. πρὸς
οὖν τὰς κινήσεις αὐτῶν καὶ τὰς θέσεις ἐπισκοπητέον καὶ τὰς ἐνεργείας·
ἕκαστος δὲ αὐτῶν ἐν τοῖς στηριγμοῖς σημαίνει καὶ μᾶλλον ἐν τῷ
δευτέρῳ στηριγμῷ κρατύνει τὸ ἀποτέλεσμα· ἡ δὲ Σελήνη μετὰ τὰς 10
ἀπορροίας τῶν ἀστέρων τὰς ἐπισημασίας εὐαισθητοτέρας ποιεῖται· καὶ
οἱ λοιποὶ δὲ ἀστέρες πρὸς ἀλλήλους οὕτω ποιοῦνται.

Ὁ δὲ τοῦ Κρόνου καὶ Ἄρεως ἐν τοῖς τῆς Σελήνης ἐκλειπτικοῖς
τυχόντες ἄνευ ἀγαθοποιῶν λοιμῶν παραίτιοι γίνονται μάλιστα περί τε
τοὺς πόδας τῶν Διδύμων καὶ Καρκίνου τοὺς πρώτους ἀστέρας καὶ τὸ 15
Φάτνιον καὶ Λέοντος τὸ στῆθος καὶ τὸν ἀμαυρὸν τὸν ἐπὶ τοῦ μαστοῦ
τῆς Παρθένου καὶ τὸν ἔσχατον τοῦ Ζυγοῦ καὶ τὸν νότιον τὸν ἐν τῇ
Πλάστιγγι καὶ Σκορπίου τὸ μέτωπον καὶ Τοξότου κατὰ τοὺς περὶ τὴν
χεῖρα ἀστέρας καὶ Αἰγόκερω τῶν κατὰ τὴν οὐρὰν δύο· καὶ ἐκλείψεως
γενομένης Ἡλίου ἢ Σελήνης ἐν τούτοις τοῖς μέρεσιν ἢ καὶ χωρὶς 20
αὐτῶν, ὑπὸ δὲ τῶν κακοποιῶν περιγεθεῖσα συγκακουμένου καὶ τοῦ
Ἑρμοῦ μὴ μαρτυρούντων τῶν ἀγαθοποιῶν χαλεπωτάτη γίνεται· καὶ
μάλιστα ἐν τοῖς τροπικοῖς· αἱ γὰρ ἐπὶ τούτων ἐκλείψεις καὶ μάλιστα
Ἡλίου κοσμικὰ συμπτώματα ποιοῦσιν. αἱ δ᾽ ἐπὶ τοῦ Λέοντος κακώσεις
βασιλέων καὶ ποταμῶν στείρωσιν. 25

Παραφυλακτέον οὖν τὰς θερινὰς τροπὰς καὶ χειμερινὰς καὶ τὰς
ἄλλας τροπὰς καὶ γινομένας συζυγίας, ἔγγιστα αὐτῶν ἐπισκοπητέον καὶ
πῶς ἔχουσι πρὸς αὐτὰς οἱ ἄλλοι πέντε πλανώμενοι καὶ οὕτω κατα-
στοχάζεσθαι τοῦ μέλλοντος συμπτώματος. Ἄρεως γὰρ μαρτυροῦντος
μόνου κατὰ παρουσίαν ἢ διάμετρον ἢ τετράγωνον στάσιν ὑπονοητέον, 30
ἰσχυροὺς καύσωνας καὶ ἐμπρήσεις κατὰ τὴν ὑποκειμένην χώραν,

---

4 γινόμενος P — ψυκτικώτατος P — 5 τῆς ψυχῆς pro ἐπὶ τῆς P — οὕτως
διατίθεται P — περιγειοτάτη P — 6 συναλλοιοῖ AP — 7 ὡς om. Aa — 9 στηριγ-
μὸν Aa — 11 εὐαισθητοτέρας P — 13 ὁ δὲ τοῦ Ἄρεως καὶ ὁ τοῦ Κρόνου P —
15 πόδας P — ἀστέρας P — 16 καὶ ante λέοντος om. APa — τῶν ἀμαυρὸν
τὸν P — μαστοῦ P — 21 ἐπισχεθεῖσα P — καὶ om. P — 25 στειρώσεις P —
26 περιφυλακτέον Aa — 27 τὰς ἐγνωσμένας pro γινομένας P — 29 συγκτώματος A

ᾗ προσφκείωται τὸ ζῴδιον, καθ' ὃ ἡ συζυγία γέγονεν · Κρόνου δὲ μόνου
μαρτυροῦντος τὰ τοῦ Κρόνου ὑπονοητέον, τουτέστι πάγον καὶ ψυχρότητα,
ὅθεν ἀναγκαῖον τὰς προγενομένας συνόδους ἢ πανσελήνους πρὸ τῶν
τροπικῶν καὶ ἰσημερινῶν σκοπῆσαι. καὶ τὰς μεταξὺ ἕως τῶν ἐφεξῆς
5 τόπων μήπως ὑπὸ ἀγαθοποιῶν ἢ κακοποιῶν μαρτυρῶνται, πρὸς αὐτὰς
τὴν τῆς ἑξῆς τριμήνου κατάστασιν λαμβάνειν, τὰ δὲ μηνιαῖα ἀπὸ τῆς
κατὰ μῆνα συνόδου σκοπεῖν, τὰ δὲ ἡμερήσια ἀπὸ τῶν τῆς Σελήνης
σχημάτων μηνοειδῶν καὶ διχοτόμων καὶ ἀμφικύρτων καὶ πανσελήνων
καὶ συνόδων. ἔτι δὲ οἱ πέντε πλανώμενοι ἑῷοι ἀνατολικοὶ ὄντες καὶ
10 προσθετικοὶ ἐν τῷ καιρῷ τῆς ἀναβάσεως ὄντες ἢ καί τινες ἐξ αὐτῶν
μάλιστα Ἀφροδίτη καὶ Ἑρμῆς ἀναβάσεις τοῦ Νείλου καλὰς καὶ
μεγάλας ποιοῦνται. παρετηρήθησαν δὲ καὶ ἕκαστος τῶν τριῶν πλανητῶν
Κρόνος Ζεὺς Ἄρης, ὅτι ἑῷοι μὲν καθεστῶτες ἀναβάσεις ποιοῦνται,
ἑσπέριοι δὲ ὄντες καὶ ἐν δύσει τὸ ἐναντίον.
15 Ὅσα δὲ ἀποτελοῦσιν οἱ πέντε πλανῆται ἐν τοῖς δωδεκατημορίοις
κατὰ τὴν τοῦ ἄστρου ἀνατολὴν ταῦτά ἐστιν · Κρόνος ἐν μὲν Καρκίνῳ
ἐγκαταλείψειν τὸν ἑαυτοῦ θρόνον τὸν τῆς Αἰγύπτου βασιλέα καὶ ἀπο-
θανεῖσθαι σημαίνει καὶ ἐν τοῖς βασιλείοις στάσεις γενέσθαι καὶ ἀλλαγάς,
τὴν δὲ ἀνάβασιν τοῦ Νείλου ὀλίγην καὶ σπάνιν γεννημάτων · ἐν δὲ
20 Λέοντι εὐετηρίαν καὶ ἀνάβασιν τῶν τε ἐκτὸς τόπων κάκωσιν, κτηνῶν
πλῆθος, ἀνθρώπων φθοράν · ἐν δὲ Παρθένῳ ἀμιξίαν καὶ ἀκαταστασίαν
καθ' ὅλην γῆν τούς τε κροκοδείλους ἀγριωτέρους ἔσεσθαι καὶ θανάτους
πολλοὺς καὶ δαιμόνων ἐπαποστολὰς ὁλοκαυσίας τε πρὸς τὸ παύσασθαι
τοὺς θανάτους, ξηρῶν δὲ καρπῶν δαψίλειαν · ἐν δὲ Ζυγῷ πόλεμον ἐν
25 Αἰγύπτῳ καὶ ἐπαναστάσεις ἀνάβασίν τε τοῦ ποταμοῦ πολλὴν ἐν τῷ
πρώτῳ ἔτει, ἐν δὲ τῷ δευτέρῳ ὀλίγην καὶ ἱερῶν πολιορκίαν, ἐν δὲ τῷ
τρίτῳ γεννημάτων δαψίλειαν · ἐν δὲ τῷ Σκορπίῳ θανάτους καθ' ὅλην
τὴν οἰκουμένην καὶ ἀνάβασιν καὶ ὀλιγοσιτίαν · ἐν δὲ Τοξότῃ ἀπώλειαν
τῶν τῆς Αἰγύπτου ἡγουμένων ἐπιγραφάς τε ἀφορήτους ἔσεσθαι καὶ

1 οἷς P — προσοικείωται APa — καθ' ὅ . . γέγονεν om. APa — δὲ om. P
— ante μόνου in a ὅθεν ἀναγκαῖον scilicet librarius primum unum rerum omiserat
— 3 προσγενομένας A — 4 ἠσιμερινῶν A — οὕτως pro ἕως τῶν P — 5 τρο-
πῶν APa — μαρτυροῦνται Aa — αὐτήν P — 8 μηνοειδῶν AP — 12 πλανητῶν
om. P — 16 μὲν ἐν P — 17 ἐγκαταλείψειν τὸν ἑαυτοῦ θρόνον P — 17 ἢ καὶ P —
18 σημαίνει om. APa — 19 γεννημάτων a — 20 εὐετηρίας P — 22 κροκοδήλους P
— 23 ἐπ' ἐπιστολὰς P — 26 πολιορκίαν A, πολιορκίαν P — 27 γεννημάτων A
— 29 ἐπιστροφὰς P

ἱεροσυλίας· ἐν δὲ Αἰγόκερῳ πόλεμον ἐν Αἰγύπτῳ τῶν τοῦ βασιλέως
φίλων ἀπώλειαν ἢ καὶ αὐτοῦ, τούς τε πένητας πλουτήσειν καὶ τοὺς
πλουσίους πτωχεύσειν τά τε ἀγάλματα ἀπολεῖσθαι καὶ ἀναρχίαν ἔσεσθαι·
ἐν δὲ Ὑδροχόῳ δηλοῖ δύο βασιλεῖς πολεμήσειν χάριν τῆς ἀρχῆς πρὸς
ἑαυτοὺς καὶ τὴν ἀρχὴν οὐκ εἰς παῖδας ἐλθεῖν, τήν τε ἀνάβασιν ὀλίγην 5
καὶ τὸν σπόρον καὶ τὰ φυτὰ εὐκαρπήσειν λοιμόν τε ἔσεσθαι· ἐν δὲ
Ἰχθύσιν ἀνάβασιν πολλὴν καὶ θανάτους, τοῦ δὲ βασιλέως οἰκεῖον
ἀπολέσθαι· ἐν δὲ Κριῷ πολλῶν κακῶν ἐστιν αἴτιος τῷ κόσμῳ, γεννη-
μάτων δὲ πλῆθος καὶ ἀνθρώπων φθορά· ἐν δὲ Ταύρῳ ἀγαθὰ τῇ γῇ
καὶ ἀνάβασιν πολλὴν καὶ τὸ ὕδωρ φθοροποιὸν καὶ τῶν νεωτέρων θανά- 10
τους· ἐν δὲ Διδύμοις θανάτους καθ᾽ ὅλην τὴν οἰκουμένην τόν τε Νεῖλον
συμμέτρως ἀνελθεῖν.

Ὁ δὲ Ζεὺς ἐν Καρκίνῳ ἐν τῷ καιρῷ τῆς τοῦ Κυνὸς ἀνατολῆς
δηλοῖ τὸν βασιλέα μὴ ἀληθεύειν πρὸς τοὺς φίλους ἀνάβασίν τε ἔσεσθαι
καὶ σίτου εὐφορίαν· ἐν δὲ Λέοντι κακωθήσεσθαι τὸν βασιλέα καὶ φίλον 15
αὐτοῦ ἀποβαλεῖν θανάτῳ, τήν τε ἀνάβασιν γενέσθαι καὶ βροχάς, κριθῆς
τε καὶ ὀλύρας κάκωσιν· ἐν δὲ Παρθένῳ καὶ Ζυγῷ καὶ Σκορπίῳ σημαίνει
τὸν βασιλέα τῆς Αἰγύπτου καταλείψειν τὸν ἑαυτοῦ θρόνον καὶ ἀκατα-
στατήσειν, τὴν δὲ γυναῖκα αὐτοῦ ἀλκιμωτέραν εἶναι, ἐν δὲ τοῖς ἔξω
τόποις ἔσεσθαι γεννήματα· ἐν δὲ τῷ Τοξότῃ ἀκαταστασίαν καὶ ἀνάβασιν 20
εὔτακτον· ἐν δὲ Αἰγόκερῳ μηνύει ἀντιπαρατάξασθαί τινα τῷ βασιλεῖ
καὶ νικήσειν, τὸν δὲ βασιλέα ἐπὶ ἡμέρας τινὰς φυγεῖν καὶ μετὰ ταῦτα
ἐπανήξειν· ἐν δὲ Ὑδροχόῳ ἰσχυρὸν τὸν βασιλέα δεικνύει καὶ ἀνάστασιν
καὶ πανουργίαν τινὸς τῶν τοῦ βασιλέως· ἐν δὲ Ἰχθύσιν ἀνάβασιν
εὔθετον καὶ βασιλέως τελευτήν, ἐν δὲ τῇ Ἐλυμαΐδι χώρᾳ γεωργῶν 25
ἀπώλειαν· ἐν δὲ Κριῷ μεγάλην ἀνάβασιν καὶ εὐετηρίαν, τὸν δὲ τῆς
Συρίας ἡγούμενον ἀπολέσθαι· ἐν δὲ Ταύρῳ ἀποσημαίνει ἀγαθὰ καὶ
κτηνῶν πλῆθος· ἐν δὲ Διδύμοις ἀνάβασιν καὶ εὐετηρίαν, ἀρρωστίας δὲ
ἔσεσθαι.

Ὁ δὲ τοῦ Ἄρεως ἀστὴρ ἐν τῇ τοῦ ἄστρου ἀνατολῇ τυχὼν 30
ἐν Καρκίνῳ ἀποτελεῖ ἀνάβασιν καὶ εὐετηρίαν, ὑπερέχοντος δὲ προ-
σώπου ἀπώλειαν, ἐν δὲ τοῖς ἔξω μέρεσιν ἀβροχίαν· ἐν δὲ Λέοντι

2 τε om. P — 4 πολεμήσειν om. Aa, πολεμήσθαι P — 6 τόν τε pro καὶ
τὸν P — ἐμεῖν P — 8ι om. P — 7 ἰχθύσιν A — 8 γεννημάτων A — 17 ὀλύρης AP
— 17 καὶ ζυγῷ om. APa — 18 αὐτοῦ P — 20 γενήματα P — 21 μηνύει AP
— 22 νικήσειν P — τινὰς om. APa — 23 ἐπανήξειν P — ἀνάβασιν Aa —
25 ἐλυμαΐδι P, qua voce finitur fol. 61v: desunt quattuor folia sequentia

καρπῶν ἀφθονίαν καὶ ὄψιμον τὴν ἀνάβασιν· ἐν δὲ Παρθένῳ τὰ ἐν
Συρίᾳ καλῶς· καὶ ἐν Αἰγύπτῳ ἕξειν· ἐν δὲ Ζυγῷ τὴν ἀνάβασιν κατὰ
λόγον καὶ εὐφορίαν τῶν ξηρῶν καρπῶν, θάνατον δὲ ταῖς κυούσαις· ἐν
δὲ Σκορπίῳ σημαίνει λοιμὸν ἐν Αἰγύπτῳ καὶ βροντὰς καὶ χάλαζαν· ἐν
5 δὲ Τοξότῃ ἀκαταστασίαν ἐν Συρίᾳ· ἐν δὲ Αἰγόκερῳ ἀποτελεῖ μεγάλην
ἀνάβασιν τούς τε κροκοδείλους παύσασθαι τῆς πολλῆς ἀγριότητος
θυμάτων ὁλοκαυτωμάτων θάνατόν τε καὶ λοιμὸν κατὰ τὴν χώραν· ἐν
δὲ Ἰχθύσι θάνατον βασιλέως καὶ ἀνάβασιν μετὰ τὸ ἀνανθῆναι· ἐν δὲ
Κριῷ τὸν τῆς Ἐλυμαΐδος χώρας ἡγούμενον σημαίνει τελευτήσειν καὶ
10 τὸν παῖδα αὐτοῦ μὴ διαδέξασθαι· ἐν δὲ Ταύρῳ ἀνάβασιν κατὰ λόγον
καὶ εὐφορίαν, τοὺς δὲ θεοὺς προσδέξασθαι τὰς εὐχὰς μηνύει· ἐν δὲ
τοῖς Διδύμοις ἀκαταστατήσειν τὴν Συρίαν καὶ ἀνομβρίαν ἔσεσθαι
σημαίνει.

Ὁ δὲ τῆς Ἀφροδίτης ἀστήρ ἐν τῷ καιρῷ τῆς τοῦ ἄστρου
15 ἀνατολῆς τυχὼν ἐν Διδύμοις ἀνάβασιν ἱκανὴν καὶ ὅσπριον ἔσεσθαι
σημαίνει· ἐν δὲ Καρκίνῳ ἀγαθὰ τῇ Αἰγύπτῳ καὶ ἀνάβασιν καὶ τῶν
ἡγουμένων ἀπώλειαν· ἐν δὲ Λέοντι ὄχλων συνόδους, τῶν ὠνίων κουφι-
σμούς· ἐν Παρθένῳ τῶν ξηρῶν καρπῶν πλεονασμούς· αὔξησίν τε τοῦ
γένους τῶν γυναικῶν καὶ μοιχείας.

20 Τοῦ τε Ἑρμοῦ ὄντος ἐν Διδύμοις κατὰ τὴν ἀνατολὴν τοῦ Κυνὸς
ἀνάβασις ἔσται κατὰ λόγον καὶ εὐφροσύνη τοῖς δήμοις καὶ ὁ βασιλεὺς
ἐπικρατήσει· ἐν δὲ Καρκίνῳ ἱεροσυλίας καὶ ἁμαρτίας μηνύει· ἐν δὲ
Λέοντι ἀνάβασιν καὶ σῖτον πολύν· ἐν δὲ τῇ Παρθένῳ σπόρον καλὸν καὶ
εὐετηρίαν καὶ ἄλλην τῇ ἀρχῇ Συρίας.

25 Ἐκ δὲ τῶν προειρημένων τὰς συγκράσεις τῶν ἀποτελεσμάτων
ποιητέον, ὅταν ἐν τῷ αὐτῷ ζῳδίῳ τύχωσιν ὄντες ἥ τινες αὐτῶν ἐν τῷ
καιρῷ τῆς τοῦ ἄστρου ἀνατολῆς. ἡ δὲ Σελήνη τυχοῦσα μετὰ Κρόνου
ἐν τῇ τοῦ Κυνὸς ἀνατολῇ σημαίνει, ᾗ προσφκείωται χώρᾳ τὸ ζῴδιον,
ἐφ' οὗ τυγχάνουσι, πόλεμον καὶ λοιμὸν καὶ τὰ κινούμενα ζῷα φθαρή-
30 σεσθαι· σὺν τῷ Διὶ δὲ οὖσα ἡ Σελήνη, θάνατον μεγάλων ἀνδρῶν,
εἰρήνην δὲ καὶ εὐφορίαν δηλοῖ· σὺν τῷ Ἄρει δὲ μελαγχολώδη, λοιμὸν
καὶ πόλεμον ἔσεσθαι καὶ ἐμπρησμούς· σὺν δὲ τῷ τῆς Ἀφροδίτης
νόσους γυναικῶν καὶ ἐκτρώσεις· σὺν δὲ τῷ τοῦ Ἑρμοῦ ἐπίνοσον τὸν

---

2 ἕξειν om. Aa — 7 λιμὸν A — 8 ἰχθύσι A — 15 ὅσπριον scripsi, ὀσπρίων
libri — 23 σῖτον A — 26 ὅταν .. ἐν τῷ καιρῷ om. Aa — 28 προσωκείωται Aa
— 29 φθαρήσεται a — 30 τι Aa

καιρόν σημαίνει νέοις καὶ ἐφήβοις. ἐπισκοπητέον δὲ τὸ ζῴδιον, τίνι χώρᾳ
προσψκείωται καὶ εἰς ποῖον μέρος παραλαμβάνεται, καὶ οὕτω κατα-
στοχάζεσθαι τῶν νοσημάτων. καὶ τὰς ἀνέσεις δὲ καὶ ἐπιτάσεις ἔτι ἔκ
τε τῶν τῆς Σελήνης φωτισμῶν καὶ τῆς τῶν ἀστέρων φάσεως τε καὶ
δυνάμεως συνορατέον. 5

Ἔτι δὲ παραφυλαξάμενοι Αἰγύπτιοι καὶ τὰς τοῦ Κυνὸς ἐπιτολὰς
βροντῶν γενομένων ἀπὸ τῆς πρώτης ἡμέρας ἄχρι τῆς ἑβδόμης, πάγκακον
ἔσεσθαι τῇ Αἰγύπτῳ καὶ ἀφορίαν, βροχάς τε ἀνωμάλους καὶ τοῦ ἀέρος
χειμῶνας· μεγάλου δὲ καὶ λευκοῦ ἀνατείλαντος τοῦ ἄστρου καὶ διαπορευο-
μένου τῷ χρώματι ὡς τὰ κύματα, μέγαν τὸν Νεῖλον ἔσεσθαι καὶ εὐ- 10
φορίαν· πυρροῦ δὲ ὄντος καὶ μιλτώδους πόλεμος ἔσται· ἐὰν δὲ μεγάλου
ὄντος σύνεγγυς αὐτῷ ἀστέρες ὦσι μέλανες, λιμὸς ἔσται· μικροῦ δὲ
ὄντος καὶ χλωροῦ μετὰ τῶν σύνεγγυς ἀστέρων καὶ ἡ ἀνάβασις μικρὰ
ἔσται καὶ σπάνις καρπῶν κατὰ πᾶσαν τὴν γῆν· ὀφθείσης δὲ μικρᾶς
γραμμῆς νεφελοειδοῦς ἀποτεινούσης ἀπὸ τοῦ ἀστέρος ἐπὶ ἀπηλιώτην 15
καὶ τοῦ ἄκρου τῆς γραμμῆς πυρώδους ὄντος ταραχὴ ἔσται· καὶ ὁ
μικρότερος τῶν κρατούντων περιέσται τοῦ μείζονος· γενομένης δὲ τῆς
γραμμῆς πυρώδους καὶ μακρᾶς ἀποτεινούσης ἀπὸ τοῦ νότου ἐπὶ
βορρᾶν καὶ τοῦ ἄκρου λογχώδους ὄντος πόλεμον καὶ θάνατον σημαίνει
πάσῃ χώρᾳ. 20

XXIIII. Περὶ τῶν ἐν ταῖς ἐκλείψεσι χρωμάτων καὶ κομητῶν.

Ἐπιτηρητέον δὲ καὶ τὰ ἐν ταῖς ἐκλείψεσι χρώματα ἤτοι αὐτῶν
τῶν φώτων ἢ τῶν περὶ αὐτὰ γινομένων συστήματα οἷον Ῥάβδων ἢ
ἄλλων τοιούτων. μέλανα γὰρ ἢ ὑπόχλωρα φανέντα σημαντικὰ γίνεται
τῶν ἐπὶ τῆς τοῦ Κρόνου φύσεως εἰρημένων· λευκὰ τῶν ἐπὶ τῆς τοῦ 25
Διός· ὑπόκιρρα δὲ τῶν ἐπὶ τῆς τοῦ Ἄρεως· ξανθὰ δὲ τῶν ἐπὶ τῆς
Ἀφροδίτης· ποικίλα δὲ τῶν ἐπὶ τῆς τοῦ Ἑρμοῦ. καὶ ἐὰν ὅλοις τοῖς
σώμασιν ἢ τοῖς περὶ αὐτὰ τόποις τὸ χρῶμα φαίνηται, περὶ τὰ πλεῖστα
μέρη τῶν χωρῶν ἔσται τὸ σύμπτωμα· ἐὰν δὲ ἀπὸ μέρους, περὶ ἐκεῖνο
μόνον τὸ μέρος, καθ' ὃ ἡ πρόσνευσις, τὸ τοῦ ἰδιώματος ἔσται. 30

Τηρητέον δὲ καὶ τὰς συνισταμένας ἤτοι κατὰ τοὺς ἐκλειπτικοὺς
καιροὺς ἢ καὶ ὁτεδήποτε κομητῶν ἐπιφανείας πρὸς τὰς καθόλου περι-

---

2 προσοικείωται *Aa* — μῆλος *A* — 8 ἔσεσθαι om. *Aa* — 9 διαπορευο-
μένων *A* — 13 ἢ χλωροῦ *a* — 16 τῆς ἄκρου post τοῦ ἄκρου *A* — 19 βορρᾶν
A — 28 φαίνεται *Aa*

στάσεις, οἷον τῶν καλουμένων Δοκίδων ἢ Σαλπίγγων ἢ Πίθων καὶ τῶν
τοιούτων, ὡς ἀποτελεστικὰς μὲν φύσει ἐπὶ τοῦ Ἄρεως καὶ τοῦ Ἑρμοῦ
πολέμων τε καὶ καυσωδῶν καταστημάτων καὶ τῶν τούτοις ἐπισυμβαι-
νόντων, δηλούσας δὲ διὰ μὲν τῶν τοῦ ζωδιακοῦ μερῶν, καθ' ὧν ἄν αἱ
5 συστάσεις αὐτῶν φαίνωνται, καὶ τῶν κατὰ σχήματα τῆς κόμης προσ-
νεύσεων τοὺς τόπους, οἷς ἐπισκήπτουσι τὰ συμπτώματα, διὰ δὲ τῶν
αὐτῆς τῆς συστάσεως ὡσπερεὶ μορφώσεων τό τε εἶδος τοῦ ἀποτελέσ-
ματος καὶ τὸ γένος, περὶ ὃ τὸ πάθος ἀποβήσεται, διὰ δὲ τοῦ χρόνου
τῆς ἐπιμονῆς τὴν παράτασιν τῶν συμπτωμάτων, διὰ δὲ τῆς πρὸς τὸν
10 Ἥλιον σχέσεως τὴν καταρχήν, ἐπειδήπερ ἑῷοι μὲν ἐπιφαινόμενοι ταχέων
σημαίνουσιν, ἑσπέριοι δὲ βράδιον.

Τῶν δὲ κομητῶν ὁ μὲν καλεῖται Ἱππεὺς καὶ ἱερός ἐστιν
τῆς Ἀφροδίτης μέγεθος ἔχων Σελήνης ὅλης πληθούσης, ὀξύτατος
τὴν κίνησιν ἐν ἑαυτῷ στίλβουσαν ἔχων τὴν χαίτην καὶ ἀπολείπουσαν
15 εἰς τοὐπίσω, φέρεταί τε ἐπὶ τὸ αὐτὸ τῷ κόσμῳ διὰ τῶν δώδεκα
ζωδίων· φανεὶς δὲ βασιλέων καὶ τυράννων πτώσεις ταχείας ἀπεργάζε-
σθαι καὶ μεταβολὰς πραγμάτων τῶν χωρῶν τούτων, ἐφ' ἃς ἐκπέμπει
τὴν κόμην.

Ὁ δὲ Ξιφίας τῷ τοῦ Ἑρμοῦ προσήκων φαίνεται δὲ ἰσχυρὸς
20 καὶ χλωρότερος παραμήκεις μᾶλλον ἀκτῖνας ἔχων περὶ αὐτόν· φανεὶς
δὲ πρὸς ἀνατολὰς τῷ Περσῶν βασιλεῖ καὶ Ἀσσυρίων ἐπιβουλὴν καὶ
φαρμακείας παρὰ τῶν σατραπῶν, πρὸς δὲ δυσμὰς φανεὶς τοῖς πρὸς
ἑσπέραν οἰκοῦσι μηνύσει.

Ὁ δὲ Λαμπαδίας διαφέρων τῷ τοῦ Ἄρεως μακρότερός
25 ἐστι καὶ πυρώδης, παραπλήσιος ταῖς διασσευομέναις λαμπάσιν· φανεὶς
δὲ πρὸς μὲν ἀνατολὰς ἐστραμμένος σημαίνει Περσίδι καὶ Συρίᾳ αὐχμόν,
κεραυνούς, καρπῶν φθορὰν καὶ ἐμπρησμοὺς βασιλικῶν αὐλῶν, πρὸς
δὲ μεσημβρίαν ἐστραμμένος τοῖς ἐν Λιβύῃ καὶ Αἰγύπτῳ κακόν, ὁμοίως
καὶ ἀσπίδων πλῆθος σημαίνει, πρὸς δὲ δυσμὰς πάλιν τοῖς ἐνοικοῦσι
30 ταῦτα δηλοῖ.

Ὁ δὲ φύσει κομήτης λέγεται τοῦ Διός, πρωΐτερος φαίνεται καὶ
μόνος στίλβει τῇ χαίτῃ καὶ ἐναργυρίζει καὶ μακρὰ πάλλει ὥστε μὴ

3 τι scripsi, δι Au — 5 φαίνωνται A — 6 τὰ ante σχήματα addit a —
8 διὰ δὲ τοῦ χρόνου .. συμπτωμάτων A bis, τοῦ χρόνου altero loco post διὰ δι a
— 15 ττ, A — 20 αὐτὸν libri — 22 φαρμακίας A — 25 διασσευομέναις correxi,
διασσευομέναις libri — 26 ἐστραμμένον A — 32 μίνων pro μόνος a

ἀντωπεῖν · ἔχει δὲ ἐν ἑαυτῷ ἀνδρεῖον πρόσωπον, ὡς δοκεῖν θεοῦ, ὅθεν.
ὅπου ἀνατείλῃ καὶ νεύσῃ, ἀγαθὰ σημαίνει τοῦ Διὸς ἐν Καρκίνῳ ἢ
Σκορπίῳ ἢ Ἰχθύσιν ὄντος.

Ὁ δὲ Δοκεὺς ὀνομαζόμενος τοῦ Κρόνου ἐστὶ στρογγύλος καὶ
ὅμοιον ἔχει χρῶμα τῷ Κρόνῳ, ἠλέκτρου ἀμορφότερος, περὶ δὲ τὴν 5
περιφέρειαν αὐτοῦ ἀκτῖνες περιέχονται · ἔστι δὲ μονοπρόσωπος καὶ
πρὸς πᾶν κλίμα ὁμοίως διακείμενος · κινεῖ γὰρ παντοίους πολέμους ἐν
πάσῃ χώρᾳ καὶ θάνατον μεγάλου βασιλέως καὶ τοὺς ἐν ἀρχαῖς καὶ
δόξῃ ταπεινοῖ.

Ἔστι δὲ καὶ ἄλλος κομήτης ῥοδοειδὴς καὶ μέγας, κυκλοτερής, 10
ὃς καλεῖται Εἰληθυίας, κόρης ἔχων πρόσωπον. χρυσοειδεῖς ἔχων
τὰς ἀκτῖνας κυκλωτῆς κεφαλῆς, ἡδύς τε τῇ προσόψει, τῷ τε χρώματι
ὅμοιος ἀργύρου καὶ χρυσοῦ κράματι · σημαίνει δὲ ἀνθρώπων κατακοπὰς
καὶ μεταβολὴν πραγμάτων ἐπὶ τὸ βέλτιον καὶ τοῖς συγκατακεκλιμένοις
ἄφεσιν. 15

Ἔστι δὲ καὶ ἕτερος κομήτης, ὃς καλεῖται Τυφών, χαλεπὸς
λίαν καὶ πυρώδης ἄμορφος καὶ βραδυκίνητος, ἔχει δὲ τὴν χαίτην ὡς
μᾶλλον ὀπίσω · ἐπικαταφέρεσθαι δὲ εἴωθε τῷ Ἡλίῳ ἐν τοῖς πέρασι
τοῦ ἀρκτικοῦ πόλου · φανεὶς δὲ πολλῶν κακῶν αἴτιος ἔσται, καρπῶν
ἀπωλείας καὶ βασιλέων ἐν τῇ ἀνατολῇ καὶ δύσει. 20

Αἱ δὲ Δοκίδες καὶ Πωγωνίαι μετὰ τῶν ἄλλων ἐκτὸς τοῦ
ζωδιακοῦ συνίστανται ἐν τῷ ἀρκτικῷ μέρει.

XXV. Περὶ τῆς τῶν μετεώρων σημειώσεως.

Περὶ δὲ τὰς κατὰ μέρος τῶν ἐπισημασιῶν προγνώσεις χρησι-
μεύουσιν αἱ παρατηρήσεις τῶν περὶ τὸν Ἥλιον καὶ τὴν Σελήνην καὶ 25
τοὺς ἄλλους ἀστέρας γινομένων.

Τὸν μὲν οὖν Ἥλιον τηρητέον πρὸς μὲν τὰς ἡμερησίους κατα-
στάσεις ἀνατέλλοντα, πρὸς δὲ τὰς νυκτερινὰς δύνοντα, πρὸς δὲ τὰς
παρατεινούσας κατὰ τοὺς πρὸς τὴν Σελήνην σχηματισμοὺς ὡς ἑκάστου
σχήματος τὴν μέχρι τοῦ ἑξῆς κατάστασιν ὡς ἐπίπαν προσημαίνοντος. 30
καθαρὸς μὲν καὶ ἀνεπισκότητος καὶ εὐσταθὴς καὶ ἀνέφελος ἀνατέλλων
ἢ δύνων εὐδεινῆς καταστάσεως ἐστι δηλωτικός · ποικίλον δὲ τὸν κύκλον

ἔχων ἢ ὑπόπυρρον ἢ ἀκτῖνας ἐρυθρὰς ἀποπέμπων ἤτοι ἐπὶ τὰ ἔξω πως·
ἐφ' ἑαυτὸν κυκλούμενον ἢ τὰ λεγόμενα παρήλια νέφη, ἐξ ἑνὸς μέρους
ἔχων ἢ σχήματα νεφῶν ὑπόκιρρα ὥσπερεὶ μακρὰς ἀκτῖνας ἀπομηκύνων
ἀνέμων σφοδρῶν ἐστι σημαντικός· μέλας δὲ ἢ ὑπόχλωρος ἀνατέλλων
5 ἢ δύνων μετὰ συνεχείας ἢ ἄλλως ἔχων περὶ αὐτὸν μίαν ἢ δύο ἢ ἐξ
ἀμφοτέρων μερῶν παρήλια νέφη καὶ ἀκτῖνας ὑπόχρους ἢ μέλανας
χειμώνων καὶ ὑετῶν ἐστι δηλωτικός.

Τὴν δὲ Σελήνην τηρητέον ἐν ταῖς πρὸ τριῶν ἢ μετὰ τρεῖς
παρόδους τῶν τε συνόδων ἢ πανσελήνων ἢ διχοτόμων· λεπτὴ μὲν γὰρ
10 καὶ καθαρὰ φαινομένη, καὶ μηδὲν ἔχουσα περὶ αὐτὴν εὐδεινῆς κατα-
στάσεως ἐστι δηλωτική· λεπτὴ δὲ καὶ ἐρυθρὰ καὶ ὅλον τὸν τοῦ φωτισ-
μοῦ κύκλον ἔχουσα διαφανῆ, καὶ ὑποκεκινημένον ἀνέμων ἐστι σημαντική,
καθ' ὧν ἂν μάλιστα ποιήσαι τὴν πρόσνευσιν· μέλαινα δὲ ἢ ὠχρὰ ἢ
παχεῖα θεωρουμένη, χειμώνων καὶ ὄμβρων ἐστι δηλωτική. παρατηρητέον
15 δὲ καὶ τὰς περὶ αὐτὴν γενομένας ἄλλως. εἰ μὲν γὰρ μία εἴη καὶ αὐτὴ
καθαρὰ καὶ ἤρεμα ὑπομαραινομένη, εὐδεινὴν κατάστασιν σημαίνει· εἰ
δὲ δύο ἢ τρεῖς εἶεν, χειμώνων ἐστι δηλωτική· ὑπόκιρροι μὲν οὖσαι καὶ
ὡς κεκρυμμέναι τοὺς διὰ νεφῶν ἀνέμους δηλοῦσι. καθολικῶς μὲν ἐπὶ
τῆς Σελήνης, ὅσα μέν ἐστι λαμπρὰ καὶ καθαρά, εὐδίας ἐστι δηλωτικά,
20 ὅσα δὲ ἐρυθρὰ πνεύματα, ὅσα δὲ μέλανα καὶ γνοφώδη ὕδατα. καὶ αἱ
περὶ τοὺς ἀστέρας τούς τε πλανωμένους καὶ λαμπροὺς τῶν ἀπλανῶν
ἄλλως συνιστάμεναι ἐπισημαίνουσι τὰ οἰκεῖα τοῖς τε χρώμασιν ἑαυτῶν
καὶ ταῖς ἐναπειλημμέναις φύσεσι.

Καὶ τῶν ἀπλανῶν δὲ τῶν κατά τι πλῆθος σύνεγγυς ὄντων παρα-
25 τηρητέον τὰ χρώματα καὶ τὰ μεγέθη· λαμπρότεροι μὲν γὰρ καὶ μείζονες
ὁρώμενοι παρὰ τὰς συνήθεις φαντασίας οἱ εἰς ὁποιονδήποτε μέρος
ὄντες ἀνέμους τοὺς ἀπὸ τοῦ οἰκείου τόπου διασημαίνουσι. καὶ τῶν
ἀθρόων δὲ νεφελοειδῶν συστροφῶν, οἷον τῆς Φάτνης καὶ τῶν ὁμοίων,
ἐπὰν αἰθρίας οὔσης αἱ συστάσεις ἀμαυραὶ καὶ ὥσπερ ἀφανεῖς πεπηγυ-
30 μέναι θεωρῶνται, φθορὰς ὑδάτων εἰσὶ δηλωτικαί, καθαραὶ δὲ καὶ παλ-
λόμεναι συνεχῶς πολλῶν πνευμάτων. ἐπὰν δὲ τῶν ἀστέρων τῶν παρ'
ἑκάτερα τῆς Φάτνης, τῶν καλουμένων Ὄνων, ὁ μὲν βόρειος ἀφανὴς
γένηται, βορέαν πνεῦσαι σημαίνει, ἐὰν δὲ ὁ νότιος, τὸν νότον.

1 ἢ, addidi, om. libri — 5 συνεχείας A — αὐτὸν libri — 10 φαινομένη
. . καὶ ἐρυθρὰ om. a — 12 ἔχουσα om. a — 16 εὐδεινὴν scripsi, εὐδηνήν A,
εὐδεινήν a — 22 ἀπλανῶν ἄλλως A — 25 λαμπροὶ a — 27 καὶ pro τοὺς a —
28 νεφελωειδῶν A — 30 φθοράς a — 33 ὁ om. A

Καὶ τῶν ἐπιγινομένων δὲ κατὰ καιροὺς ἐν τοῖς μετεώροις αἱ μὲν τῶν κομητῶν συστροφαὶ πάντοτε αὐχμοὺς καὶ ἀνέμους προσημαίνουσι καὶ τοσούτῳ μείζονας, ὅσῳ ἂν ἐκ πλειόνων ἐπὶ πολὺ ἡ σύστασις γένηται. αἱ δὲ διαδρομαὶ καὶ οἱ ἀκοντισμοὶ τῶν ἀστέρων, εἰ μὲν ἀπὸ μιᾶς γίνοιντο γωνίας, τὸν ἀπ᾽ ἐκείνης ἄνεμον δηλοῦσιν· εἰ δὲ ἀπὸ τῶν 5 ἐναντίων, ἀκαταστασίαν πνευμάτων· εἰ δὲ ἀπὸ τῶν τεσσάρων γωνιῶν, παντοίους χειμῶνας. ὡσαύτως δὲ καὶ τὰ νέφη πόκοις ἐρίων ὄντα παραπλήσια προδηλωτικὰ ἐνίοτε χειμώνων, αἵ τε δὲ κατὰ καιροὺς συνιστάμεναι ἴριδες χειμῶνα μὲν ἐξ εὐδίας, εὐδίαν δὲ ἐκ χειμώνων προσημαίνουσιν· αἰθρίας δὲ οὔσης ὥσπερ ἀράχνια λεπτὰ μεταφερόμενα 10 δηλοῖ τὸν ἀστέρα περίψυχρον ἔσεσθαι ἰσχυρῶς· τοῦ δὲ ἀστέρος καθαροῦ καὶ ἀνεφέλου ὄντος καὶ ἄνευ ὁμίχλης καὶ τῆς Σελήνης ὑπὸ γῆν οὔσης, ἐπὰν ἐξαίφνης οἱ ἀστέρες ἀμαυροὶ γίνωνται, χειμῶνα σημαίνουσι.

Ἐὰν δὲ ἐν τῷ οὐρανῷ φλὸξ ὥσπερ ἡμμένη φανῇ πυρρὰς ἔχουσα 15 διαστάσεις πόλον σημαίνει· μέλας δὲ σφόδρα γενόμενος ὁ οὐρανὸς σημαίνει στειρώσεις ποταμῶν, φρεάτων· χλωρὸς δὲ φανεὶς δεσποτῶν ἀπώλειαν σημαίνει. Ἥλιοι δύο ὥσπερ φανέντες ἐκ παρηλίων νεφῶν δύο βασιλεῖς σημαίνουσι σχήσειν πρὸς ἀλλήλους, καθ᾽ ὃ δὲ κλίμα ὁ μείζων ἐφάνη, οὗτος νικήσει· κυάνεος δὲ φανεὶς ὁ Ἥλιος ἀνατέλλων 20 πάσῃ τῇ λιμὸν καὶ λοιμὸν σημαίνει. ὁμίχλαι αἱ πρὸς τοῖς ὄρεσι γαλήνην ποιοῦσιν· αἱ δὲ ἐπικεχυμέναι καὶ διαρριπιζόμεναι ἀπαρκτίαν ἢ ἴαπυγα σημαίνουσιν. αὐχμοὶ ἔαρος ἢ φθινοπώρου ἐν μὲν τῇ δύσει φαινόμενοι ἐργάτην προλέγουσιν, ἐν δὲ τῇ ἀνατολῇ εὖρον. ἀνακόπτουσι δὲ χειμῶνα ἅπαντα τὰ πνεύματα πλὴν εὔρου, τὸν δὲ προερεθίζουσι 25 καὶ αἱ κορυφαὶ τῶν ὀρέων ἐν εὐδίᾳ ἦχον ἀποτελοῦσαι ἄνεμον σημαίνουσιν· ὁμοίως δὲ καὶ αἱ παραθαλάσσιοι ἀκταὶ ἠχοῦσαι ἐν εὐδίᾳ πελάγιον ἄνεμον καταγγέλλουσι· πολλοῦ δὲ ὄντος ἀνέμου, ἐὰν μὴ ἐξερεύγηται τὰ κύματα βιαίως, πολυχρόνιον ἔσεσθαι τὸν χειμῶνα.

Καὶ ἄλλα δὲ πλεῖστα παρετηρήθη εἰς πρόγνωσιν παρὰ τῶν 30

3 τοσούτῳ libri — 9 εὐδίας P, a voce χειμώνων incipit P fol. 62r —
— εὐδίαν P — χειμῶνος P — 10 εὐδίας a — 13 τῆς Aa — γίνονται a —
15 πυρρὰς P — 16 πόλων P — 17 χλορὸς P — 19 σημαίνουσι scripsi, σημαίνει
libri — 20 inferior folii 62 pars in P abscissa — 26 δηλοῖ post χειμῶνα
addit P

ἀρχαίων · ἀρχεῖ δὲ οἶμαι καὶ ταῦτα πρὸς τῶν λοιπῶν πρόγνωσιν . ἡ μὲν
δὴ τῶν καθολικῶν ἐπισκέψεων θεωρία κατὰ τὸ κεφαλαιῶδες ἐπὶ τοσοῦτον
ἡμῖν ἐκ τῶν παρὰ τοῖς παλαιοῖς ὑποτετυπώσθω . ἀρξόμεθα δὲ τῆς κατὰ
τὸ γενεθλιακὸν εἶδος ἐν τοῖς ἑξῆς κατὰ τὴν προσήκουσαν ἀκολουθίαν
5 μετὰ συντομίας ὁμοίως τοῖς ἔμπροσθεν.

1 πρὸς τὴν P — 2 σκέψεων P — 3 ἀρξώμεθα P — 4 ἐν τοῖς ἔμπρο-
σθεν P — 5 ἔμπροσθεν] finitur liber primus Hephaestionis: τέλος τοῦ α´ βιβλίου P,
τέλος τοῦ πρώτου βιβλίου Aa